AF384885

# DE LA
# CORRESPONDANCE PRIVÉE

## POSTALE OU TÉLÉGRAPHIQUE

DANS SES RAPPORTS AVEC

LE DROIT CIVIL, LE DROIT COMMERCIAL, LE DROIT ADMINISTRATIF

ET LE DROIT PÉNAL

PAR

## EDGAR HEPP

SECRÉTAIRE PARTICULIER DU PRÉFET DU BAS-RHIN

DOCTEUR EN DROIT

DE LA FACULTÉ DE STRASBOURG

PARIS

AUGUSTE DURAND, LIBRAIRE-ÉDITEUR

RUE DES GRÈS

1864

DE LA

# CORRESPONDANCE PRIVÉE

## POSTALE OU TÉLÉGRAPHIQUE

DANS SES RAPPORTS AVEC

LE DROIT CIVIL, LE DROIT COMMERCIAL, LE DROIT ADMINISTRATIF
ET LE DROIT PÉNAL.

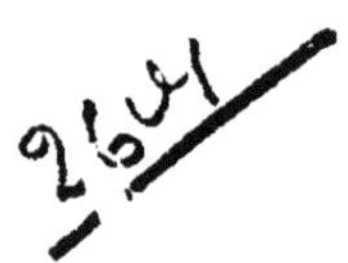

STRASBOURG, IMPRIMERIE DE VEUVE BERGER-LEVRAULT.

# DE LA

# CORRESPONDANCE PRIVÉE

## POSTALE OU TÉLÉGRAPHIQUE

DANS SES RAPPORTS AVEC

LE DROIT CIVIL, LE DROIT COMMERCIAL, LE DROIT ADMINISTRATIF

ET LE DROIT PÉNAL

PAR

## EDGAR HEPP

SECRÉTAIRE PARTICULIER DU PRÉFET DU BAS-RHIN

DOCTEUR EN DROIT

DE LA FACULTÉ DE STRASBOURG

## PARIS

## AUGUSTE DURAND, LIBRAIRE-ÉDITEUR

7, RUE DES GRÉS

1864

# TABLE DES MATIÈRES.

# DE LA
# CORRESPONDANCE PRIVÉE
## POSTALE OU TÉLÉGRAPHIQUE
### DANS SES RAPPORTS AVEC
### LE DROIT CIVIL, LE DROIT COMMERCIAL, LE DROIT
### ADMINISTRATIF ET LE DROIT PÉNAL.

———◦•✕•◦———


### BIBLIOGRAPHIE.

Bonneville de Marchangy. *De la télégraphie électrique dans ses rapports avec le droit commercial.* (*Le Droit commercial,* 1re année, n° 10.)

Bosellini. *Dei telegrafi in relazione alla giurisprudenza.* (*Temi,* t. IV, p. 449-452, Florence, 1854.)

Busch. *Noch ein Beitrag zum Telegraphenrechte.* (*Archiv für die civilistische Praxis,* t. XLV, p. 1-26.)

Dalloz. *Répertoire,* v° LETTRES MISSIVES, v° POSTES, v° TÉLÉGRA-PHIE.

Fuchs. *Einige Fragen aus dem Telegraphenrechte.* (*Archiv für die civilistische Praxis,* t. XLIII, p. 94-102.)

Koch. *Studien über Telegraphenrecht.* (*Zeitschrift für das gesammte Handelsrecht,* t. IV, p. 341-374.)

Merlin. V° LETTRES MISSIVES.


1

Mittermaier. *Ueber die rechtliche Bedeutung telegraphischer Mit-theilungen, und die Anwendung der Grundsätze vom Urkundenbeweise auf dieselben in Rechtsstreitigkeiten (Archiv für die civilistische Praxis, t. XLII, p. 278-288.)*

— *Das Telegraphenrecht nach dem Ergebnisse der neusten Forschungen mit besonderer Rücksicht auf die Schrift von Serafini. (Même Revue, t. XLVI, p. 1-48.)*

Panattoni. *Appendice sulla utilita giuridica del telegrafo elettrico. (Temi, t. IV, p. 452-455.)*

Reyscher. *Das Telegraphenrecht, insbesondere die Haftpflicht aus unrichtiger oder verspäteter Telegraphirung. (Zeitschrift für deutsches Recht und deutsche Rechtswissenschaft, t. XIX, p. 271 et 456.)*

Rolland de Villargues. *Dictionnaire du notariat*, v° LETTRES MISSIVES.

Scheurl. *Vertragsabschluss unter Abwesenden. (Jahrbücher für die Dogmatik des heutigen römischen und deutschen Privatrechts, t. II, p. 247-282.)*

Serafini. *Il telegrafo in relazione alla giurisprudenza civile e commerciale.* Pavie, 1862.

Cet ouvrage a été traduit et enrichi de notes par M. Lavialle de Lameillère sous le titre : *Le Télégraphe dans ses rapports avec la jurisprudence civile et commerciale.* Durand, Paris, 1863.

— *Scritti germanici. Dissert. I. Della conclusione dei contratti fra assenti.* Naples, 1862.

Stubenrauch. *Der elektrische Telegraph in privatrechtlicher Beziehung. (Allgemeine österreichische Gerichts-Zeitung, t. XII, n° 18 et 19.)*

Würth. *Des principes de droit qui régissent les lettres missives et les télégrammes. Discours de rentrée de la cour d'appel de Gand. (Belgique judiciaire, t. XX, n° 89.)*

# PREMIÈRE PARTIE.

Avant-propos. — Historique sommaire des postes, du télégraphe aérien et du télégraphe électrique. — Indication des principaux actes législatifs. — Progrès imminents. — De leurs conséquences probables. — Utilité juridique des télégraphes.

1.ᵉ La correspondance tient aujourd'hui une place si large dans les relations privées et tend à prendre une extension si considérable, grâce aux progrès incessants de l'instruction coïncidant avec ceux des sciences physiques et économiques, qu'il nous a paru utile et intéressant d'étudier les rapports juridiques qui peuvent en être la conséquence. L'attrait de ces recherches était d'autant plus considérable qu'elles n'ont encore donné lieu, en France, à aucun travail qui fît ressortir, à l'occasion de la correspondance par la voie du télégraphe électrique, la nature des besoins auxquels elle répond, l'identité de but qu'elle présente avec la correspondance par la voie de la poste, les moyens différents qui sont mis en œuvre pour produire le même effet, et, par suite, la nécessité, d'un côté, de soumettre aux mêmes règles générales les deux espèces de correspondances, de l'autre, d'établir juridiquement les conséquences du mode particulier de transmission applicable à chacune d'elles.

MM. Merlin, Rolland de Villargues, Dalloz ont étudié les différentes difficultés qui peuvent s'élever à l'occasion des lettres missives, mais ils n'ont pas dû s'occuper des cas spéciaux qui se présentent à propos des télégrammes, soit que ce mode de communication leur

fût inconnu, soit que les principes n'en fussent pas suffisamment arrêtés pour prêter à une exposition doctrinale.

C'est aux jurisconsultes italiens et allemands que
revient l'honneur d'avoir étudié, les premiers, les principes sur lesquels il conviendrait d'asseoir le droit télégraphique. Bosellini, Serafini en Italie, Busch, Mittermaier, Reyscher en Allemagne ont mis leur science au
service de ces questions pleines d'intérêt et, soit dans
de courtes monographies, soit avec les développements
d'un traité complet sur la matière, ont élucidé tous les
points particuliers qui peuvent aider à leur solution.
M. Würth, procureur général à la Cour d'appel de
Gand, a fait ressortir vivement l'importance de cette
partie toute nouvelle du droit, dans le discours qu'il
prononça à l'audience de rentrée de la Cour, le 16 octobre 1862.

Si nous avons cédé au désir de traiter à notre tour
ces questions, c'est qu'il nous a semblé utile d'attirer
sur elles l'attention de la science française. Nous nous
sommes aidé très-abondamment des très-savants travaux que M. Mittermaier a publiés jusqu'ici et qui seront
suivis très-prochainement de publications nouvelles,
de même que du brillant traité de M. Serafini que l'ex-
cellente traduction avec notes de M. Lavialle de Lameillère nous a mis à même de consulter avec beaucoup
de fruit.

------

2. Il nous semble nécessaire de placer en tête de ce
travail quelques indications sommaires sur les progrès
successifs qui ont amené l'organisation actuelle des deux
administrations publiques dont nous aurons à étudier

les droits, les devoirs et la responsabilité. Si notre intention est de nous livrer spécialement à l'examen des effets juridiques de la correspondance privée, il nous semble naturel cependant de faire l'exposé historique du rôle des agents de transmission de cette correspondance.

3. *De l'administration des postes.* — L'institution des postes de l'Empire romain détruite par les Barbares ne fut rétablie en France que dans le quatorzième siècle. En 1315, Louis X autorisa l'Université de Paris à fonder des messageries et des postes pour son service. Le public fut bientôt appelé à en profiter. Louis XI rétablit les postes royales et les rendit ordinaires et perpétuelles. Des messagers royaux aux mêmes droits et priviléges que ceux de l'Université furent établis par un édit de Henri III de 1576. Un édit de Henri IV, de mars 1597, créa des relais de chevaux pour le transport des voyageurs et des malles, lesquels furent incorporés aux offices des maîtres de poste par l'édit d'août 1602 qui révoqua le précédent.

4. De fréquentes modifications furent apportées au service des postes sous Louis XIV. Louvois y établit un grand ordre et une grande discipline. Il régularisa la taxe des lettres de la petite poste de Paris établie en 1653. Des arrêts du Conseil du 18 juin et du 29 novembre 1681 protégèrent le privilége du fermier des postes en frappant d'une peine ceux qui y porteraient atteinte. Ces arrêts sont encore en vigueur. Le 8 décembre 1703, fut publié le premier règlement général sur la poste aux lettres et le tarif des taxes. Le régime des fermes ne cessa pas avec la Révolution. Un décret

du 26 août 1790 maintint le bail qui avait été passé sous le régime royal et qui devait expirer en 1791, en le prorogeant jusqu'en janvier 1792. Ce n'est que le 24 juillet 1793 qu'un décret organisa le service des postes en régie nationale. Le monopole fut maintenu et fortifié par les lois du 25 vendémiaire, du 27 nivôse an III; par les arrêtés du 2 nivôse, du 7 fructidor an V. Mais la loi du 9 vendémiaire an VI ordonna de nouveau que la poste aux lettres serait affermée.

5. L'administration des postes entre dans une nouvelle période sous le gouvernement consulaire. Le bail consenti en l'an VI fut résilié sur la demande du fermier, et il fut décidé que la poste aux lettres serait administrée par une régie intéressée (loi du 25 frimaire an VIII), c'est-à-dire que les régisseurs avaient, outre leurs appointements fixes, une remise sur le produit net. Un arrêté du 28 ventôse an XII établit un directeur général des postes.

La loi du 3 juin 1829 crée un service des postes dans toutes les communes rurales et établit le décime rural supprimé depuis par la loi du 3 juillet 1846. Une ordonnance du 19 février 1843 autorise l'administration des postes à transiger sur toutes les affaires qui intéressent son service.

Le décret du 24 août 1848 établit une taxe uniforme pour toutes les lettres circulant dans l'intérieur de la France. (*Voy. aussi* loi du 20 mai 1854.)

Cette dernière mesure a provoqué une augmentation énorme dans le chiffre des correspondances privées et exigé, par conséquent, des améliorations successives dans les moyens de transport et de distribution.

Enfin, la loi du 4 juin 1859 a opéré un grand nombre de modifications dans la législation antérieure.

6. L'organisation, la hiérarchie, les traitements de l'administration des postes sont réglés par les ordonnances des 11 et 21 octobre 1839, 17 décembre 1844, 2 décembre 1847; par les arrêtés des 29 mars 1832, 30 janvier 1846, 13 mars 1848; par les décrets du 26 avril 1850, du 25 mars 1852, enfin par les lois annuelles du budget.

7. L'administration des postes ressortit au ministère des finances; elle est placée sous la haute surveillance d'un directeur général. Les divers fonctionnaires et agents que cet immense service met en mouvement sont au nombre de 25,000 environ. Les malles-poste, les chemins de fer, les paquebots sont les principaux moyens de transport dont se sert l'administration. Il y a des bureaux de poste français à l'étranger. Les rapports de la poste avec les puissances étrangères donnent lieu chaque année à une multitude de conventions postales, de décrets et arrêtés rendus pour leur exécution.

8. *De l'administration télégraphique.* — En présence des merveilleuses applications que la science a su faire de l'électricité pour la transmission instantanée de la pensée humaine, toute recherche historique sur les premiers essais de communication rapide par le moyen de signaux est naturellement reléguée dans le domaine de l'érudition inutile. Depuis les voiles blanches et noires de Thésée, les signaux de feu qui aidèrent César dans sa rapide conquête des Gaules, les tours des villes et des châteaux surmontées de perches de bois au moyen desquelles on pouvait correspondre (Végèce, *Instit. mi-*

*lit.* III, 50), jusqu'aux télégraphes dont Claude Chappe développa l'idée, le 22 mars 1792, à la barre de l'Assemblée législative, nous pouvons suivre les tâtonnements par lesquels on a passé avant d'arriver à la réalisation satisfaisante de la télégraphie aérienne. Mais il ne reste plus guère aujourd'hui de l'invention des frères Chappe que le souvenir de ce qu'elle fut et quelques appareils inertes et inutiles sur des tours abandonnées. Quelques postes de télégraphie aérienne fonctionnent cependant encore, disséminés dans l'intérieur de nos possessions africaines, et, sous le nom de sémaphores, sur les parties avancées de notre littoral.

A la fin du dix-septième siècle, Otto de Guericke, bourgmestre de Magdebourg, construisit la première machine électrique. En 1746, Lemonnier, de l'Académie des sciences, signala la transmission instantanée de l'électricité à travers un fil de fer d'une grande étendue. En 1800, Volta trouve le moyen de produire une sorte d'électricité constante. En 1819, Arago découvre les propriétés magnétisantes des courants électriques et les alternatives instantanées d'aimantation et de non-aimantation du fer doux soumis à l'action du courant électrique. Le télégraphe électrique était inventé. Une ordonnance du 23 novembre 1844 ouvre un crédit extraordinaire de 240,000 fr. pour l'établissement d'une première ligne électrique de 12 myriamètres entre Paris et Rouen. Depuis cette époque une impulsion croissante a été donnée à la création d'un réseau complet de lignes de communication, et nous possédons aujourd'hui un système assez étendu pour relier entre eux tous les centres de production de quelque importance. Mais les nécessités du service de cette grande administration croissent à mesure que le public s'habitue davantage à user de ce moyen de transmission et il y est fait droit dans une large mesure.

9. Des procédés divers ont été mis en œuvre pour l'application, à la transmission des signaux, de la force nouvelle qui avait été révélée. Des mécanismes ingénieux assurent soit la reproduction à distance de signes conventionnels qui sont formés et interprétés par des agents de l'administration, comme dans l'appareil Morse généralement en usage aujourd'hui, soit l'impression en lettres ordinaires à la station d'arrivée de la dépêche composée à la station de départ, ainsi que cela a lieu avec les appareils Hughes et Bonelli. Mais les résultats de ces divers systèmes ne présentent pas une certitude suffisante pour qu'on soit assuré qu'aucune erreur ne sera commise dans la transmission et dans la transcription d'une dépêche. Sous ce rapport donc la perfection n'est pas atteinte encore, mais on est bien près d'y toucher, sinon en pratique absolue, du moins en théorie, grâce à la merveilleuse invention de l'abbé Caselli dont l'application est malheureusement arrêtée par des raisons économiques et par la recherche de quelques perfectionnements qui en assurent une manipulation plus facile.

Nous croyons rester dans le véritable esprit de ce travail en reproduisant ici quelques passages de l'exposé des motifs de la loi du 3 juin 1863, sur les dépêches privées, dessins, etc., transmis par le télégraphe au moyen de l'appareil autographique ou pantélégraphe Caselli.

10. Le rapporteur de la loi, M. Conneau, s'exprime en ces termes : « L'appareil de l'abbé Caselli reproduit à distance, c'est-à-dire au point d'arrivée du fil conducteur, la dépêche *elle-même*, telle qu'elle a été tracée par son auteur sur la minute *avec tous ses caractères matériels*, sans le secours d'aucun employé et sans besoin de traduction quelconque.... » « Le télégramme est un fac-simile qui ne laisse rien à désirer et qui arrive au destinataire, quelle que soit la distance et l'étendue des fils électriques, sans aucune altération et sans erreur possible de la part des agents de l'administration.... » « Il ne s'agit donc plus de transmettre par le télégraphe quelques mots communiqués au télégraphiste, *mais ses propres caractères écrits de sa main même....* »

11. « Les principales conséquences juridiques qui dériveraient de l'application de cette nouvelle découverte, seraient les quatre suivantes : 1º Le télégraphe autographique peut, moyennant certaines précautions, se subroger à l'écriture en donnant aux actes des personnes éloignées une efficacité documentale. 2º Le télégramme est une lettre écrite et signée par l'auteur de la dépêche. 3º Il fait donc preuve complète contre l'expéditeur. 4º En cas d'erreur ou d'altération, les dommages qui en résultent sont à la charge de l'auteur de la dépêche.... » La description de l'appareil Caselli se trouve dans le savant rapport de M. Cuvier, conseiller d'État, chargé de soutenir la discussion du projet de loi.

12. On ne saurait montrer trop d'impatience pour l'application prochaine de ce système qui paraît devoir être le dernier mot de la science télégraphique. Même

avec les systèmes les plus perfectionnés qui sont en usage aujourd'hui, les chances d'erreurs dans les communications sont trop nombreuses pour permettre d'établir avec impartialité des règles absolues de responsabilité à la charge soit de l'expéditeur, soit de l'administration télégraphique, soit du destinataire. Si l'on possède un procédé qui rende impossibles des omissions ou des altérations de la pensée véritable des correspondants, on pourra assurer aux transactions si nombreuses conclues aujourd'hui par la voie du télégraphe, une sécurité qui leur manque trop souvent, et établir une législation fixe dans une matière où tant et de si graves intérêts sont en jeu. On évitera ainsi aux tribunaux les difficultés de certaines appréciations de droit et de fait que nous aurons à signaler dans l'examen de la jurisprudence incomplète et flottante de la télégraphie électrique.

L'effet le plus direct de l'adoption de l'appareil autographique serait la possibilité de soumettre les télégrammes aux mêmes règles de droit que les lettres missives, avec lesquelles ils auraient une parfaite analogie.

13. L'organisation du service télégraphique est réglée par les décrets du 1er juin, du 1er juillet, du 6 décembre 1854; du 21 mars, du 29 novembre 1856; du 29 novembre, du 15 février 1859. Le service des lignes télégraphiques forme une direction du ministère de l'intérieur. (Décr. 28 oct. 1853, 2 févr. 1854, 24 juin 1857.)

Les principaux textes législatifs concernant la télégraphie privée sont : la loi du 29 novembre 1850, le décret du 17 juin 1852; la loi du 28 mai 1853, la loi du 22 juin 1854 et la loi du 30 juillet 1861.

14. Aujourd'hui que l'usage du télégraphe est si répandu et est entré si avant dans les habitudes de tout le monde, il semble superflu d'insister sur l'utilité qu'il peut présenter soit pour faire part d'événements de famille, soit pour communiquer à distance des recettes médicales, enfin surtout pour les opérations de Bourse et les renseignements commerciaux. Il convient cependant de faire saisir, dès l'abord, l'importance majeure que peut prendre ce mode de communication dans des questions toutes juridiques. Qu'une perte imminente soit à craindre; qu'un contrat par correspondance exige une solution rapide; qu'il faille accélérer la marche d'une procédure; dans le cas de mariage, faire production urgente de pièces constatant que toutes les formalités requises sont remplies; faire des acceptations ou renonciations de successions; interjeter appel avant l'expiration du délai; se porter garant pour un absent; engager, se dédire, déclarer forfait pour des chevaux engagés dans les courses; prendre ou confirmer une inscription sur les registres d'une Faculté, et le télégraphe deviendra un secours de première nécessité, auprès duquel la poste est un messager boiteux. On cite même le cas d'un mariage qui aurait été conclu aux États-Unis par l'envoi télégraphique du consentement respectif des époux, assistés des chapelains, et l'identité étant constatée au bureau même. (L. de Lameillère, note 6.)

Le télégraphe pourrait même servir pour la conclusion des contrats qui doivent être faits par écrit. Ainsi

M. Serafini mentionne l'espèce suivante. Pierre avait conclu avec Paul un contrat de vente avec la condition que sa validité serait soumise à la rédaction d'un acte. Mais Pierre, avant que le contrat fût signé, se disposait à entreprendre un voyage. Paul lui ayant communiqué la teneur précise de l'acte, Pierre répondit par télégraphe qu'il y donnait son approbation et qu'il le signait. Il semble que cette déclaration fût suffisante pour l'obliger ; mais Paul ne s'en contente pas et prie Pierre de faire rédiger par un notaire un acte régulier qui précisât la teneur de l'acte, de le signer et d'en présenter une copie authentique au bureau télégraphique. L'employé du télégraphe donne avis à Paul de l'accomplissement de ces formalités. Dans le procès qui s'est élevé sur la question de savoir si un contrat par écrit avait été conclu définitivement par ce moyen, le jugement reconnut l'existence d'un pareil contrat.

# DEUXIÈME PARTIE.

## DES RAPPORTS GÉNÉRAUX QUI NAISSENT ENTRE LES ADMINISTRATIONS POSTALE ET TÉLÉGRAPHIQUE ET LES PARTICULIERS.

Du monopole de la poste et du télégraphe. — Sa raison d'être. — Transport illicite de correspondances. — Droits et devoirs qui en naissent pour l'administration. — Principe de l'inviolabilité du secret des lettres et des télégrammes. — Suppression de correspondances. — Sanctions.

---

## CHAPITRE PREMIER.

15. *Du monopole des postes.* — Le gouvernement s'est attribué le monopole exclusif du transport des lettres, journaux, imprimés. Si ce monopole ne devait se justifier que par les revenus très-considérables dont il est la source pour l'État, peut-être pourrait-on regretter que le gouvernement se fasse entrepreneur d'industrie et sacrifie à un intérêt matériel le principe de la liberté commerciale. Mais à côté de la considération budgétaire qui a son poids, s'en présente une autre, celle de savoir si les garanties individuelles seraient placées sous une sauvegarde aussi énergique si l'on abandonnait le transport des lettres à la concurrence de l'industrie privée. A dire vrai, nous ne verrions à cela aucun désavantage au point de vue de la sécurité pour les particuliers, du bon marché et des recours qui ne sont pas aussi faciles lorsque c'est l'État qu'il faut mettre en cause. Cependant l'administration des postes

fait de si constants efforts pour satisfaire tous les intérêts que nous ne verrions, dans l'état actuel des choses,
aucun avantage très - appréciable et beaucoup d'inconvénients à ce que l'on revînt au principe de la libre
concurrence.

16. Le premier acte qui consacre le privilége exclusif du transport des lettres paraît être l'arrêt du Conseil du 18 juin 1681, interprété par un second arrêt
du 29 novembre qui prononça une amende de 300 fr.
contre ceux qui se chargeraient de porter des lettres
sans en avoir reçu le droit ou le pouvoir du fermier des
postes. Ces dispositions ont été maintenues par les
actes suivants : Déclaration royale du 3 février 1728;
ordonnance royale du 16 mai 1765; décret du 26 août
1790, III, art. 4, n° 5. Des arrêts de cassation du 30
juillet 1818, du 23 août 1839 jugent que le décret de
1790 n'a abrogé, dans son article 4, que l'organisation
intérieure du service des postes. Viennent ensuite les
décrets du 9 avril 1793, art. 7; du 24 juillet 1793,
art. 6; du 25 vendémiaire an III, art. 3; du 27 nivôse
an III, art. 4; puis les arrêtés du 2 nivôse et du 7 fructidor an VI; du 26 ventôse an VII, qui ordonne l'insertion des arrêts du Conseil de 1681, du 27 prairial
an IX. Ce dernier arrêté consulaire défend *à toute personne étrangère au service des postes* de s'immiscer
dans le transport des lettres, journaux, etc., et il a été
jugé, en conséquence, que le transport des lettres
entre les lieux où il existe des bureaux de poste est
interdit à toute personne étrangère à leur service, sans
qu'il y ait à distinguer s'il y a ou non préjudice financier pour l'administration. (Lyon, 22 décembre 1833.)

Cependant la considération des intérêts fiscaux apparaît avant tout dans les contestations pour infraction au monopole, bien plus que l'intérêt du service public, et, malgré les considérants de l'arrêt de Lyon, la fiscalité semble être plutôt le but que le moyen du service. Ainsi l'on peut dire que le transport d'une lettre missive, cachetée ou non cachetée, constitue ou ne constitue pas une contravention, suivant que le porteur se trouve au delà ou en deçà du bureau de poste le plus prochain du domicile de l'expéditeur et qu'il est ainsi présumable avoir voulu éviter ou faire l'affranchissement. (Loi du 3 juin 1829, art. 3. Crim. rej. 16 févr. 1827. Ch. réun. rej. 1er juill. 1836.) Par exemple, un postillon nanti d'une lettre, qui n'est pas encore monté sur son siége, et qui passera devant un bureau de poste sans y déposer la missive, est coupable d'immixtion dans le transport des correspondances. (Douai, 16 janv. 1835.)

17. Les tribunaux sont juges des nombreuses différences de fait qui peuvent établir ou détruire une contravention. Le caractère d'une lettre n'est pas, en effet, si nettement déterminé que l'on ne puisse se tromper dans l'application du privilége des postes à telle ou telle pièce transportée d'un lieu à un autre. Ainsi une lettre non datée, ni signée par l'expéditeur, n'indiquant ni le lieu où elle a été écrite, ni celui où la remise doit en être faite, peut être déclarée lettre missive et son transport peut exposer un voiturier aux pénalités du transport illicite de correspondance. (Cass. 6 janv. 1841.) La même solution n'eût pas été appliquée à un simple voyageur.

De même on ne saurait considérer comme contrevenant le porteur d'une lettre relative à ses intérêts personnels, par exemple d'une lettre de recommandation, et l'administration l'a reconnu elle-même par une disposition de son Instruction générale. (*Arg.* Instr. gén. de 1856, art. 1217; Crim. rej. 14 mai 1842.)

18. Les peines de l'immixtion dans le transport des correspondances s'appliquent sans distinction entre les lettres cachetées ou non cachetées. La jurisprudence est unanime en ce sens, et elle se fonde avec raison sur ce qu'aucune distinction n'a été faite par les arrêtés de l'an VI et de l'an IX. (Cass. 22 avril 1830, 13 juin 1839.) Mais la prohibition ne s'applique pas aux simples billets non cachetés. (Paris, 10 mars 1826.)

19. Tant que le transport a pour objet non un transport prohibé, mais un affranchissement, il n'y a pas lieu à poursuite. (Ch. réun. rej. 1er juill. 1836.) Ainsi les lettres saisies dans les malles d'un voyageur à son débarquement, avant que ces malles eussent été mises à sa libre disposition, ne constituent pas le délit d'immixtion, le droit à la taxe n'étant pas encore acquis à l'administration. (Rouen, 12 sept. 1840.) Ces dernières décisions marquent un progrès dans l'interprétation plus libérale du privilége des postes.

20. Toutefois il est un point que la jurisprudence est à peu près unanime à juger d'une façon identique: c'est celui du transport des lettres par un voyageur qui se charge par complaisance des lettres d'un ami. Y a-t-il là transport illicite? Oui, selon la lettre de l'arrêté de l'an IX: «*toute personne* étrangère au service des postes», et des arrêtés de 1681 : «toute personne de quelque qualité qu'elle soit»; oui encore, selon la

Cour de cassation, 7 août 1818, 1er octobre 1841, 17 avril 1828, 8 mai 1841. A la vérité, ces arrêts, en s'appuyant sur les textes, ne pouvaient pas faire de distinction extra-légale entre les commissionnaires salariés et les simples voyageurs qui se chargent par complaisance de la remise d'une lettre à un tiers. Cependant n'y aurait-il pas lieu de modifier l'application littérale de ces dispositions en présence de l'arrêté du 26 ventôse an VII qui leur a, dans une certaine mesure, enlevé leur sanction? En effet, pour qu'une contravention existe, ne semble-t-il pas que le droit de la rechercher doit exister de même? Or les arrêts de 1681 autorisaient les perquisitions sur les simples particuliers pour la constatation du transport illicite; cette disposition a été retranchée dans le texte de ces arrêts réimprimé à la suite de l'arrêté de l'an VII, et n'a pas été reproduite dans l'arrêté de l'an IX. Cependant la jurisprudence continue d'appliquer la pénalité à un simple voyageur, et elle se fonde sur une distinction singulièrement subtile et qu'il serait difficile de justifier par un texte. Oui, dit-elle, le voyageur ne peut être soumis à perquisition, ni lui ni ses effets, et une lettre trouvée sur lui à la suite d'une violence qui lui aurait été faite ne peut le faire condamner; mais si le hasard amène la découverte des lettres qu'il transporte contrairement au monopole de la poste, il sera poursuivi et condamné. (Crim. rej. 2 avril 1840, 6 nov. 1845.) Ainsi, si la contravention est découverte accidentellement ou à la suite d'une perquisition opérée pour un autre objet que l'intérêt de l'administration des postes, la saisie sera valable. Au contraire, si un gendarme, par exemple, mentionne dans un procès-verbal, fait à l'occasion d'une demande de passe-port, qu'il s'est aussi assuré que le voyageur était porteur de lettres, la perquisition et la saisie seront nulles. (Douai, 21 mai 1836.) Voilà qui est bien subtil. L'administration des postes pourrait, ce semble, sans crainte d'un grave préjudice, renoncer à protéger son privilége par des moyens si douteux et si vexatoires. (Foucart, II, 201.)

21. Chaque fait particulier de transport prohibé, et non pas seulement l'exercice habituel du transport de lettres, constitue une contravention.

22. Un arrêt de la cour de Caen du 21 juin 1826, se fondant sur le caractère financier de la prohibition, décide que, dans le cas où l'entremise de la poste n'eût pas été possible par suite de l'organisation de son service, le transport d'une dépêche pressée, par un autre moyen, n'est pas illicite, car elle ne la prive pas d'un bénéfice.

23. L'administration elle-même excepte de la prohibition les lettres qu'un particulier fait transporter par ses domestiques ou par un exprès; et la jurisprudence se prononce en ce sens, en se fondant sur ce que la lettre concerne le service personnel du maître. (Art. 3, loi du 3 juin 1829. Instruction générale, art. 1217. Crim. rej. 24 sept. 1847.)

24. Le transport des lettres par une voie étrangère au service des postes est interdit, alors même que ces lettres seraient renfermées dans des sacs, boîtes, paquets, colis, peu importe qu'elles soient ouvertes ou cachetées. Ainsi les conducteurs de voitures qui transportent de petits paquets de marchandises dans lesquels

se trouvent des lettres d'envoi sont passibles des peines portées par l'arrêté de l'an IX, ces lettres ne rentrant pas dans les exceptions admises par l'article 2 de cet arrêté; la bonne foi du voiturier ne saurait faire écarter l'application de la peine. La règle est si générale que la contravention existe du moment que, dans un envoi, on transporte «ce qui peut tenir lieu de correspondance» soumise au privilége.

25. *Exceptions au monopole des postes.* — L'article 2 de l'arrêté du 27 prairial an IX dispose: «Les sacs de procédure, les papiers uniquement relatifs au service personnel des entrepreneurs de voiture, et les paquets an-dessus du poids de 1 kilogramme sont exceptés de la prohibition portée par l'article 1er.» Par «papiers relatifs au service personnel des voituriers», il faut entendre: 1° les lettres de voiture ou factures accompagnant les marchandises transportées et ne contenant que les énonciations indispensables à la livraison de l'objet transporté; 2° les notes de commission donnant au voiturier mandat ou autorisation de livrer la marchandise qu'il conduit ou de prendre celle qu'il doit rapporter. Il a été jugé que, si à la demande de marchandises n'est pas jointe la mission donnée au messager de les rapporter, le transport d'une lettre pareille donnerait lieu à des poursuites. (Orléans, 7 fév. 1848.) Les lettres et papiers transportables par voiturier doivent être non cachetés. (Arr. du C. de 1681 non abrogé. *Voy.* Instr. gén. des postes. Dalloz, *Rép.*, v° POSTES, n°ˢ 96-103.)

Quant aux paquets d'un poids supérieur à 1 kilogramme, ils ne doivent contenir aucune des pièces sur lesquelles la poste conserve son privilége exclusif de transport.

26. L'article 3 de l'arrêté de prairial indiquait les personnes autorisées à procéder aux perquisitions pour la découverte des fraudes; mais cette énumération n'est plus bonne depuis la loi du 22 juin 1854 qui, par son article 20, a étendu le droit de perquisition non-seulement aux agents et employés des postes assermentés, mais à tous les agents de l'autorité ayant qualité pour constater les délits et contraventions. Les lettres saisies sont envoyées, par le bureau le plus voisin du lieu de la saisie, en rebut à Paris où elles peuvent être réclamées moyennant le payement d'une taxe double. (Art. 1er. Déc. 2 messidor an XII.) La loi du 24 août 1848, article 8, réduit de 150-300 fr. à 16 fr. les amendes prononcées contre les contrevenants, en vertu de l'article 5 de l'arrêté du 27 prairial an IX. Mais l'administration est autorisée à transiger avant ou après le jugement, sauf approbation du ministre des finances. (Ord. 19 fév. 1843.) En cas de récidive du contrevenant dans les trois ans, l'amende est de 300 à 3,000 fr. (Art. 22. Loi du 22 juin 1854.)

27. La prescription en matière de transport illicite des lettres est réglée par l'article 638 du Code d'instruction criminelle.

## CHAPITRE II.

28. *Du monopole de l'administration télégraphique.* — Naguère l'usage du télégraphe était exclusivement réservé au gouvernement, et ce n'est que récemment que

l'industrie et le commerce ont obtenu le bénéfice de ce mode de communication.

La question de savoir si l'on pouvait permettre à des particuliers l'établissement de télégraphes s'est élevée pour la première fois en 1837. Jusque-là le gouvernement s'était contenté d'un monopole de fait qu'on ne lui avait pas contesté. Après 1830 cependant, des entreprises particulières établirent des télégraphes privés, parce que la faculté ne leur en était enlevée par aucune loi. En présentant la loi du 2 mai 1837, le ministre revendiquait le monopole des télégraphes pour l'État en se fondant sur les ressources que les télégraphes privés offriraient aux factieux pour bouleverser l'État, quoique, à la vérité, les nouvelles transmises jusque-là eussent été purement commerciales. Mais la suite, ajoutait le ministre, pourrait modifier ces relations bénignes. Le gouvernement, dès lors, ne pouvait être rassuré par le difficile contrôle exercé sur des entreprises particulières, et il convenait d'enlever aux particuliers non-seulement la faculté de créer des postes télégraphiques, mais encore celle de se servir des télégraphes établis par l'État.

29. Ces raisons étaient bien faibles, et ce qui se fait aujourd'hui le prouve suffisamment. Aussi répondit-on au ministre qu'autant valait alors prohiber l'usage des routes, des chemins de fer, de la poste, qui sont également des moyens offerts aux ennemis du gouvernement pour y porter du trouble. Les Chambres adoptèrent la disposition qui forme l'article unique de la loi du 2 mai 1837 et qui punissait d'un emprisonnement d'un mois à un an et d'une amende de 1,000 à 10,000 fr. quiconque aurait transmis sans autorisation des signaux

d'un lieu à un autre, soit à l'aide de machines télégraphiques, soit par tout autre moyen. Cependant depuis l'invention des chemins de fer et surtout de la télégraphie au moyen de l'électricité, la nécessité d'assurer la sécurité des voyageurs, la régularité du service et une plus grande économie ont fait accorder aux compagnies de chemins de fer l'autorisation d'établir des appareils de transmission électrique dans l'intérêt du service.

30. Mais l'exemple des pays voisins devait entraîner une modification de la législation en France. Le gouvernement a bien été obligé de reconnaître que, moyennant certaines garanties, les dangers de bouleversement social ne devaient pas être la conséquence forcée de la concession de la correspondance par télégraphe ; aussi, le ministre de l'intérieur, dans l'exposé des motifs du projet de la loi de crédit du 8 février 1850, annonce-t-il l'intention de mettre les télégraphes électriques à la disposition du public. Malgré les craintes nombreuses manifestées sur les conséquences déplorables de cette concession, la commission du projet tint ferme et déclara qu'on ne pouvait pas laisser la France en arrière des autres pays, mais qu'il convenait d'armer l'autorité d'un droit de contrôle sur la transmission des dépêches. La loi du 29 novembre 1850 a mis le télégraphe électrique au service du public.

31. Mais le principe de la loi de 1837 subsiste en ce qui touche le monopole de l'établissement et de l'exploitation des lignes télégraphiques par l'État. L'article 1er du décret du 27 décembre 1851 dispose qu'aucune ligne télégraphique ne peut être établie ou employée

à la transmission des correspondances que par le gouvernement ou avec son autorisation. L'attribution de ce monopole à l'État se rencontre dans la plupart des pays de l'Europe. Cependant, en Angleterre, en Hollande, en Danemark, le monopole, comme pour les chemins de fer, est concédé à des compagnies. Aux États-Unis, tout le monde peut établir des lignes en se soumettant aux règlements relatifs à l'établissement des fils dans les villes, sur les routes, sur les chemins de fer et sur les propriétés publiques et privées.

32. Nous répéterons ici ce que nous disions du monopole des postes (nº 15). Le gouvernement poursuit avec tant de sollicitude toutes les améliorations que réclame l'intérêt public, que l'on ne voit guère ce qu'on pourrait espérer de mieux d'une exploitation privée. Mais le privilége ne sera justifié que par le bien qu'il produit et non par des raisons d'ordre public de la nature de celles invoquées par le ministre en 1837. En effet, si la surveillance par le gouvernement paraissait nécessaire, il pourrait l'assurer en préposant un de ses agents à chaque bureau de l'entreprise particulière. Cette surveillance même serait illusoire, car le gouvernement est exposé aujourd'hui à prêter ses fils et ses appareils à des entreprises coupables qui peuvent se cacher derrière des phrases de convention. Mais il est une objection assez grave qu'on pourrait faire contre le monopole de l'État, c'est la difficulté budgétaire de le rendre responsable du préjudice que des erreurs de service peuvent occasionner aux particuliers, et, par suite, pour les correspondants, un défaut de garanties qu'il serait plus facile d'imposer à des compagnies privées.

# CHAPITRE III.
## De l'inviolabilité du secret de la correspondance privée.

### SECTION PREMIÈRE.
#### De l'inviolabilité des lettres missives.

33. Les lettres missives sont, pour l'administration des postes, pour tous ses agents et pour tous les citoyens, un dépôt dont il est défendu de violer le secret. Il semble qu'il n'ait pas fallu beaucoup d'efforts pour faire passer le principe du secret de la correspondance privée de la conscience dans la loi, et pour l'y inscrire d'une manière définitive avec les sanctions qui pussent en assurer le respect. Il semble surtout que, du jour où l'on priva l'individu du droit de faire connaître sa pensée à un ami éloigné autrement que par l'intermédiaire d'un service de transmission obligatoire, on aurait dû se préoccuper aussi de placer des garanties à côté de ces restrictions et d'assurer le secret des communications privées, secret auquel de si graves intérêts moraux et pécuniaires peuvent être attachés. La loi morale a flétri de tout temps la surprise frauduleuse des secrets d'autrui, la loi écrite s'est contentée trop longtemps de poursuivre seulement le délit de convention qui consiste à faire parvenir, de la manière qu'on préfère, les communications échangées à distance. Du jour où le service des postes a été organisé, on s'est efforcé de rendre plus important l'intérêt fiscal de ce monopole, sans songer à lui assurer l'excuse de la convenance et de la sûreté publique. On cherche, en effet, vainement dans la législation anté-révolutionnaire des

dispositions garantissant au citoyen l'inviolabilité du secret renfermé dans sa lettre, mais on y trouve beaucoup de dispositions réservant au souverain seul le droit de transporter les lettres, punissant d'amendes et de peines arbitraires les particuliers qui se chargent de transmettre une lettre « au grand préjudice du revenu des postes de Sa Majesté. » (Édit du 27 août 1738.)

34. La première fois que l'on voit énoncer positivement ce principe, c'est dans un arrêt du Conseil du 18 août 1775, qui fait défense d'employer en justice des lettres interceptées. C'est à l'Assemblée nationale que revient réellement l'honneur d'avoir proclamé, la première, le principe d'ordre public de l'inviolabilité du secret des lettres. Elle le fit par deux décrets du 10 août 1790 et du 10 juillet 1791. Le décret du 10 août fut rendu à propos de la violation, par la municipalité de Saint-Aubin, de lettres contenant la preuve de menées contre-révolutionnaires. La municipalité fut blâmée par le motif suivant : « Considérant que le secret des lettres est inviolable et que, *sous aucun prétexte*, il ne peut y être porté atteinte ni par les individus ni par les corps. » L'Assemblée sanctionne ce principe d'une manière générale en disposant, par l'article 2 du décret des 26-29 août 1790, « que les commissaires administrateurs prêteront, entre les mains du roi, le serment de garder et observer fidèlement la foi due au secret des lettres; les employés dans les postes prêteront le même serment, sans frais, devant les juges ordinaires des lieux. » Le décret du 10 juillet 1791 ordonna aux corps administratifs de surveiller l'exécution du décret du 10 août, concernant le secret et l'inviolabilité des lettres.

**35.** Ces dispositions furent sanctionnées par le Code pénal des 25 septembre, 6 octobre 1791, qui portait dans sa 2e partie, titre I, section 3, article 23 : « Quiconque sera convaincu d'avoir, volontairement et sciemment, supprimé une lettre confiée à la poste, ou d'en avoir brisé le cachet et violé le secret, sera puni de la peine de la dégradation civique. Si le crime est commis soit en vertu d'un ordre émané du pouvoir exécutif, soit par un agent du service des postes, le ministre qui en aura donné ou contre-signé l'ordre, quiconque l'aura exécuté, ou l'agent du service des postes qui, sans ordre, aura commis ledit crime, sera puni de la peine de deux ans de gêne. » Le Code des délits et des peines du 3 brumaire an IV, à l'article 638, contient les mêmes dispositions, mais il se termine par cette exception : « Il n'est porté par cet article aucune atteinte à la surveillance que le gouvernement peut exercer sur les lettres venant des pays étrangers ou destinées pour ces mêmes pays. » Les garanties que le gouvernement avait accordées aux citoyens restaient donc les mêmes ; on s'armait seulement contre le dehors.

**36.** Mais bientôt il parut que les nécessités de l'ordre public étaient aussi sacrées que les droits de l'individu, et les décrets du 2 nivôse an VI, et du 7 fructidor an VI, en réservant à l'État le droit exclusif de transporter les lettres, dissimulent la raison fiscale sous cette autre, que la faculté illimitée que s'attribuent les entrepreneurs de voitures libres de transporter toute espèce de correspondances « entraîne l'inconvénient de favoriser les correspondances clandestines et criminelles. » Ce considérant n'est rien autre que l'infirmation du principe du secret ; car si le gouvernement réclame le droit de surveiller les correspondances, il s'en arroge aussi les moyens, qui ne peuvent être autres que de briser les cachets, de violer l'enveloppe.

Le Code pénal de 1810 adoucit beaucoup la rigueur des peines. Son article 187 prononçait, en effet, une amende de 16 à 300 fr. et l'interdiction des fonctions publiques pendant un temps déterminé.

37. Lors de la révision du Code pénal, en 1832, cette peine fut trouvée trop minime, et voici les raisons qui en furent données : « L'administration des postes s'améliore chaque jour, disait M. Caumartin à la Chambre des députés ; cependant, on ne peut pas se dissimuler que trop souvent encore les chefs de l'administration sont dans l'impuissance de prévenir certains délits, certaines infidélités. Ces infidélités ont des conséquences extrêmement graves ; elles peuvent compromettre non-seulement l'intérêt des familles, mais encore leur honneur. Cette impuissance de l'administration me paraît provenir de l'impuissance de la législation à cet égard. » La manière de voir de M. Caumartin fut adoptée, et l'article 187 fut rédigé ainsi qu'il suit : « Toute suppression, toute ouverture de lettres confiées à la poste, commise ou facilitée par un fonctionnaire ou un agent du gouvernement ou de l'administration des postes, sera punie d'une amende de 16 à 500 fr. et d'un emprisonnement de trois mois à cinq ans. Le coupable sera de plus interdit de toute fonction ou emploi public pendant cinq ans au moins et dix ans au plus. »

38. Nous ne trouvons plus dans la loi nouvelle la distinction établie dans la pénalité par l'article 23 du

Code de 1791, suivant que le coupable est un simple particulier ou un fonctionnaire, agent du gouvernement ou de l'administration des postes. Faut-il en conclure que la violation du secret ou la suppression d'une lettre est impunie quand elle est le fait d'un particulier? Il est difficile de ne pas se rendre à l'argument *a contrario* qui résulte du rapprochement de ces deux lois. (Chauveau et F. Hélie, *Théorie du Code pénal*, p. 30.) Cependant, le particulier qui violerait le secret d'une lettre pourrait être actionné civilement en dommages-intérêts, par application de l'article 1382 du Code Napoléon, et, en cas de suppression, suivant les cas, être poursuivi pour vol.

39. Aux termes de l'article 187, un fonctionnaire du gouvernement n'est jamais, dans le cas présent, à considérer comme un simple particulier, et, par suite, ne peut échapper à la répression, même lorsqu'il se rend coupable du délit en dehors de ses fonctions et dans son intérêt privé.

40. Par une conséquence naturelle de l'obligation du serment, dit M. Foucart, II, 202, les employés des postes ne doivent pas répondre aux questions qui leur sont faites dans le but de savoir si telle ou telle personne reçoit des lettres, ni de quel pays elles viennent. Comme il n'est pas permis de chercher à savoir ce que contiennent les lettres, celles mêmes qui seraient présumées contenir des valeurs ne peuvent être saisies entre les mains des préposés de la poste par les créanciers des personnes auxquelles elles sont adressées. (Instr. gén. des postes, art. 197.)

41. Les questions qui peuvent se présenter à propos

de la suppression ou de la violation d'une lettre sont très-variées et soumises à l'appréciation des tribunaux. Ainsi, le fait par un agent de la poste ou un fonctionnaire, d'avoir ouvert une lettre qu'ils ont, par erreur, supposé leur être adressée, tombe-t-il sous l'application de l'article 187? La loi est-elle applicable à la remise, par mégarde de l'agent de la poste, à un autre que le destinataire de la lettre? La perte réelle d'une lettre par un agent postal équivaut-elle à suppression et entraîne-t-elle une peine? Sous l'empire du Code de brumaire an VI, ces questions n'étaient pas douteuses, car l'application de la peine était subordonnée, aux termes de la loi, à la constatation de la moralité de l'action. Mais, si notre article 187 ne reproduit pas cette disposition, ce n'est pas qu'il ait entendu en abroger le principe. Ce n'était point, en effet, une règle légale, mais une sorte de conseil adressé au juge qui aujourd'hui ne rend aucune décision sans avoir apprécié l'intention coupable du prévenu. Cependant un préjudice considérable peut résulter de ces faits et donner lieu, dès lors, à une demande de dommages-intérêts. (Art. 1382 C. N.)

42. Du moment que la moralité de l'action est la raison décisive de la condamnation ou de l'acquittement, il faut naturellement décider que l'agent postal qui sera convaincu de mauvaise foi dans son service, tombera sous le coup de l'article 187. Ainsi, il n'est pas douteux que le facteur qui aura remis, par calcul, une lettre à une personne autre que le destinataire; que le préposé de la poste qui aura facilité à un tiers étranger au service la soustraction d'une lettre, seront considérés

comme coupables du délit de suppression de correspondance. Quant au particulier qui aurait corrompu ou tenté de corrompre un agent, il tomberait sous l'application des articles 177 et 179 du Code pénal.

L'article 187 ne régit pas le cas où la suppression d'une lettre a été faite dans l'intention de détourner les valeurs qu'elle contenait. On tombe alors dans la forfaiture et dans la pénalité édictée par l'article 173 du Code pénal. (Crim. rej. 23 avril 1813. Paris, 8 nov. 1853.)

## SECTION II.
### De l'inviolabilité des télégrammes.

**43.** Une lettre est remise à la poste sous une enveloppe qui en dérobe le contenu à la vue, de telle sorte qu'on ne peut en prendre connaissance qu'en brisant le cachet et en violant intentionnellement le secret. Un télégramme, au contraire, est soumis à un mode de transmission qui rend impossible un secret renfermé exclusivement entre le destinataire et l'expéditeur. En effet, la dépêche est livrée à la connaissance de l'employé du bureau de départ, des employés intermédiaires, de l'employé du bureau d'arrivée qui la transcrit pour la faire parvenir au destinataire. Il semble donc difficile de décréter l'inviolabilité du secret de la correspondance télégraphique, qui, pour beaucoup d'agents du service, est le secret de la comédie.

**44.** Cependant il était utile d'assurer, dans la mesure du possible, que la communication aux agents télégraphiques, des correspondances privées ne deviendrait pas l'occasion d'une publicité qui aurait pu être extrêmement préjudiciable aux intérêts des correspondants.

On a donc imposé aux fonctionnaires et agents du service l'obligation de ne pas divulguer au dehors les communications pour lesquelles on recourrait à leur entremise. A leur entrée en exercice ils sont tenus, sous peine de l'application de l'article 196 du Code pénal, de prêter le serment suivant : « Je jure de garder inviolablement le secret des dépêches qui me seront confiées et de ne donner connaissance des documents télégraphiques à qui que ce soit, sans un ordre écrit du ministre de l'intérieur. » (Ord. 24 août 1833, art. 23. S. C. 25 déc. 1852, art. 16.) La violation de ce serment est punie de peines portées par l'article 187 du Code pénal, en vertu de l'article 5 de la loi du 29 novembre 1850. Il y aurait lieu, en outre, à l'application de l'article 1382 du Code Napoléon, pour la réparation du dommage causé à l'expéditeur ou au destinataire.

## SECTION III.

### Exceptions à la règle de l'inviolabilité des correspondances.

#### § 1er. *Des lettres missives dont le secret peut être violé.*

**45.** Nous avons établi d'une manière générale l'inviolabilité du secret des correspondances privées. Aucune restriction n'y a été faite législativement que « pour la surveillance que le gouvernement peut exercer sur les lettres venant des pays étrangers ou destinées pour ces mêmes pays. » (Art. 638 du Code de brumaire an IV; n° 35.) Cette exception peut être considérée comme une mesure révolutionnaire contre l'émigration, et, par cela même, temporaire.

**46.** Mais il est une autre exception, qui ne modifie pas, au reste, les devoirs de discrétion des agents des postes, établie par l'article 471 du Code de commerce, dernier alinéa : «Les lettres adressées au failli seront remises aux syndics, qui les ouvriront; il pourra, s'il est présent, assister à l'ouverture.» La correspondance du failli pouvant donner connaissance de faits profitables à la masse, on n'a pas cru devoir protéger le secret des lettres au détriment des intérêts des créanciers. Cette investigation ne porte, du reste, que sur les lettres de commerce et s'arrête aux lettres particulières du failli, de même qu'à celles adressées à sa femme et à ses enfants. (*Moniteur*, 19 févr. 1835.) Mais n'eût-il pas été préférable de n'autoriser les syndics à s'immiscer dans le secret des lettres envoyées au failli que lui présent ou dûment appelé? Aux termes de l'article 524 de l'Instruction générale sur le service des postes, approuvée le 25 mars 1829 par le ministre des finances, la remise au syndic des lettres adressées au failli est opérée sur la signification faite au directeur des postes des jugements déclaratifs de faillite, ou sur la remise à ce directeur d'un extrait en forme de ces actes. (N° 70. *Voy.* aussi *Instr. gén. des Postes de* 1856, art. 833 à 836.)

47. La jurisprudence est à peu près unanime à décider que la règle de l'inviolabilité du secret doit plier devant les nécessités de l'instruction d'un crime qui compromet l'intérêt général. S'appuyant, en conséquence, sur les dispositions des articles 35, 87, 88, 89 du Code d'instruction criminelle, qui confèrent au juge d'instruction le droit et le devoir de rechercher toutes les preuves du crime dont il poursuit la répression, elle décide que les lettres missives sont placées sous le coup des investigations judiciaires, qu'elles

perdent leur inviolabilité et peuvent servir de fondement à une poursuite criminelle. La saisie peut en être opérée à la poste, au domicile des parties en cause ou au domicile des tiers que l'instruction soupçonne pouvoir donner des renseignements utiles pour éclairer la justice. (F. Hélie, *Instr. crim.*, p. 503; Paris, 30 janv. 1836; Cass. 13 oct. 1832.) Un arrêt solennel de la Cour de cassation du 21 novembre 1853 est venu confirmer cette doctrine; il décide « qu'en autorisant à rechercher, en quelque lieu que ce soit, la preuve des infractions et les pièces pouvant servir à conviction, la loi n'a fait aucune exception à l'égard des lettres déposées à la poste et présumées constituer soit l'instrument ou la preuve, soit le corps même du délit; que le principe incontestable du secret des lettres n'est pas applicable en pareil cas; que les correspondances par lesquelles s'ourdissent ou se commettent les attentats à la paix publique, à la propriété et à la sûreté des citoyens, sont une violation du droit et sortent de la classe de celles qui doivent être protégées par la loi; qu'il n'est pas possible d'admettre, sans blesser les principes de la morale et de la raison, que l'administration des postes serve à couvrir de l'impunité des faits punissables et à soustraire un corps de délit aux recherches de la justice..... » Cette doctrine est complétée par cette autre que nous trouvons dans l'arrêt de la cour d'assises d'Indre-et-Loire du 11 juin 1830, qui décide que les employés des postes ne peuvent se refuser à déclarer, lorsqu'ils sont appelés comme témoins et qu'ils ont comme tels prêté serment, s'il existe dans leurs bureaux des lettres à l'adresse d'un prévenu.

**48.** Il ne suffit pas d'affirmer que le principe du secret reste intact, pour qu'il en soit ainsi, et avec la jurisprudence actuelle nous ne voyons pas sous quelles garanties il est placé. La Cour de cassation était plus généreuse lorsqu'elle décidait, par un arrêt du 11 juillet 1792, « qu'il est contraire au principe *constitutionnel* de l'inviolabilité des lettres de fonder une accusation sur une lettre close et privée dont le secret a été violé. » Il est vrai qu'elle était encore, à cette époque, sous l'impression du décret du 10 août 1790, qui avait décidé que les lettres ne pouvaient être violées *« sous aucun prétexte »*, alors cependant que celles qui étaient déférées à l'Assemblée constituante contenaient la preuve de manœuvres contre la sûreté de l'État. — Mais en 1816 le principe était encore complétement debout, car un arrêt de la Cour de cassation du 6 décembre décidait « qu'une lettre est un dépôt essentiellement secret, que ce qui est écrit n'a que le caractère de la pensée, jusqu'à ce que, *par un autre fait que celui de la force majeure,* le secret en ait cessé; que, hors les cas déterminés par la loi, ce n'est que par la promulgation qui peut en être faite, *que ce qu'elle contient peut devenir la base d'une action criminelle.*

**49.** S'il importe de protéger d'une manière absolue les citoyens paisibles contre une violation arbitraire de la correspondance qui leur est adressée, il y a lieu d'admettre une exception relativement aux lettres adressées à un prévenu. Le conflit qui peut s'élever entre les nécessités de l'ordre public et le principe de l'inviolabilité sanctionnée par l'article 187, nous semble devoir être résolu au moyen de la distinction suivante. Lorsque le secret de la pensée développée dans une lettre missive est entier et ne s'est divulgué par aucune mise à exécution de la pensée écrite, l'inviolabilité est d'ordre public et toute infraction est punissable. Au contraire, lorsque les faits ont dévoilé une intention coupable et préjudiciable à l'ordre public, il appartient au pouvoir répressif de rechercher tous les éléments qui peuvent mettre sur la voie de la vérité et donner une direction utile à son action bienfaisante. De cette manière les droits de l'individu et de la société sont garantis. D'un côté, la correspondance privée n'est plus livrée à des investigations arbitraires, qui ne trouvent pas de justification suffisante dans de simples soupçons, de l'autre, l'ordre public est garanti suffisamment par le droit de rechercher l'origine des menées qui y ont porté atteinte. Il nous semble que l'article 187 deviendrait une lettre morte s'il était permis, par des justifications faciles à inventer et basées sur l'intérêt général, d'échapper aux sanctions de l'inviolabilité du secret.

Dans ce système nous ne trouverions pas à redire, par exemple, à des investigations judiciaires faites dans les bureaux d'un journal pour rechercher l'auteur d'une correspondance habituelle adressée à ce journal et dont les renseignements émaneraient d'un fonctionnaire qui est tenu de garder le secret des affaires dont on lui confie le maniement. — Au contraire, nous déciderions que le fonctionnaire du gouvernement, le juge d'instruction qui se ferait livrer une correspondance qu'il ne pourrait pas incriminer positivement à raison d'un commencement de mise à exécution de la pensée qu'elle est présumée contenir, tomberait sous le coup de l'article 187.

50. Dans l'arrêt précité de la cour de Paris du 30 janvier 18**, le juge d'instruction était reconnu fondé, non pas à rompre le cachet, mais à ouvrir les lettres en présence du prévenu et à les saisir, s'il y avait lieu.

Mais les lettres écrites par un prévenu à des tiers, celles écrites par des tiers à d'autres qu'au prévenu, peuvent-elles être violées? A moins qu'on ne brise le cachet, comment reconnaître leur origine et, dès lors, comment justifier un abus pareil dont la consécration reviendrait à nier complétement qu'il y eût aucune limite au pouvoir du juge d'instruction?

51. Lorsque les lettres ont été remises au prévenu ou aux tiers avec lesquels il est en relation, nous ne ferions aucune difficulté d'attribuer au juge le droit de s'en saisir et de s'en servir pour éclairer son instruction. Mais ce droit ne doit s'exercer qu'avec la plus grande réserve, car de semblables recherches amènent facilement la découverte de secrets domestiques, dont les tribunaux comme les particuliers doivent détourner les regards. Le juge qui violerait un semblable secret, appris dans l'exercice légal de ses fonctions, mais qui ne toucherait pas directement à l'affaire qu'il instruit, devrait tomber, selon nous, sous l'application de l'article 187.

52. Si les lettres saisies au domicile de l'inculpé ou de tiers ne doivent être consultées qu'avec précaution lorsqu'il s'agit de s'en servir pour établir sa culpabilité, à bien plus forte raison, le juge doit-il hésiter à y puiser des éléments d'incrimination contre des tiers. Mirabeau ne voulait pas (*Moniteur* du 25 octobre 1791) « que les plus secrètes communications de l'âme, les conjectures les plus hasardées de l'esprit, les émotions d'une co-

lère souvent mal fondée, les erreurs souvent redressées le moment d'après, puissent être transformées en dépositions contre des tiers. » Alors même que les correspondances saisies tendraient à inculper directement et positivement un tiers, il ne faut y ajouter foi qu'avec les plus grandes précautions. Il y a, dans l'histoire des procès célèbres, deux exemples très-instructifs à l'appui de ce que nous venons de dire. Lorsqu'on instruisit le procès du général Mallet, qui avait tenté en 1812 de renverser le gouvernement impérial, on trouva chez lui une liste de fonctionnaires désignés pour le nouveau gouvernement, et il fut démontré que ces personnes étaient complétement étrangères au complot. En 1832, à la suite de la tentative des Vendéens sur le fort de Blaye, on saisit les pièces probantes du projet d'organisation militaire qu'ils avaient arrêté, et il fut prouvé qu'un très-grand nombre d'officiers qui y étaient indiqués n'étaient pas entrés dans le mouvement et qu'on s'était seulement servi de leurs noms pour établir le plan de la conspiration.

53. De tous ces développements il résulte qu'il importe de restreindre dans le cadre le plus étroit les droits de la justice sur la correspondance privée, afin que le principe de l'inviolabilité du secret ne finisse pas par faire naufrage dans une jurisprudence trop indulgente pour des raisons d'ordre public qui sont susceptibles d'une extension trop arbitraire. En présence des décrets de la Révolution, de l'article 187 du Code pénal, nous pensons donc que, malgré l'arrêt de cassation du 21 novembre 1853, un jugement qui se baserait sur les énonciations de lettres missives saisies

au mépris du principe de l'inviolabilité, pourrait être l'objet d'un recours en cassation. *Voy.* Faustin Hélie, t. V, p. 510 ss.; Dalloz, v° Postes, n° 137, v° Lettres missives, n° 31; Trébutien, t. II, p. 247; Mangin, *Instr. écrite*, t. I<sup>er</sup>, p. 162; Bonnier, t. II, p. 767; Décis min. des 2 et 21 févr. et 26 mars 1854; Instr. gén. des postes de 1856, art. 839-846.

### § 2. *Des télégrammes dont le secret peut être violé.*

**54.** Nous avons vu (n° 43) que la nature des choses s'opposait à une assimilation complète des lettres missives et des télégrammes, relativement au principe du secret, mais que cependant une certaine satisfaction avait été donnée à la nécessité de soustraire les communications privées à une publicité dangereuse pour les intérêts des correspondants, et que l'on avait circonscrit strictement la connaissance des dépêches aux personnes matériellement nécessaires pour opérer la transmission. Mais le caractère particulier de la correspondance télégraphique, facilitant naturellement la surveillance des communications faites par cette voie, a amené des restrictions assez sérieuses au principe du secret.

Ces restrictions ont été spécialement dictées par l'esprit de méfiance qui a si longtemps soustrait l'usage du télégraphe aux particuliers dans la crainte que l'ordre public n'eût à en souffrir. Nous avons dit que des restrictions puisées dans ce motif nous semblent sans valeur sérieuse, en raison de la facilité avec laquelle, par une entente préalable, des correspondants malveillants peuvent se jouer de toute entrave et de toute surveillance.

55. Quoi qu'il en soit, nous trouvons dans la législation télégraphique les règles qui suivent, en vertu desquelles le secret des communications cesse d'être inviolable :

1° Lorsque le directeur d'un bureau télégraphique estime que la dépêche que l'on veut faire transmettre est susceptible de troubler l'ordre public, il est maître de refuser l'usage de ses appareils, et, sur la réclamation de l'auteur de la dépêche, il en est référé à l'un des fonctionnaires désignés dans l'article 3 de la loi du 29 novembre 1850. Dans ce cas le secret de la communication est violé, à la vérité, du su de l'expéditeur. Le même pouvoir est abandonné au directeur du bureau d'arrivée, qui, avec l'autorisation administrative, peut supprimer un télégramme. De plus, la communication en est faite aux autorités administratives, dans ce second cas, sur la simple appréciation du caractère du télégramme faite par le directeur du télégraphe. Nous pensons que dans ce cas l'expéditeur ou le destinataire pourraient faire statuer judiciairement sur la validité de la saisie, en se fondant sur la nature innocente de la dépêche.

56. 2° Une circulaire du 2 janvier 1855 du ministre de l'intérieur aux préfets, tout en rappelant que les agents de l'administration des lignes télégraphiques sont tenus au secret en vertu de leur serment, — sauf les cas déterminés dans l'article 3 de la loi de 1850, — confère à l'autorité administrative le droit de réclamer communication d'une dépêche télégraphique par une réquisition écrite et spéciale. Qu'est devenu ici le principe du secret, et quelle garantie présente le serment? Ce droit de réquisition est trop manifestement en op-

position avec la disposition de l'article 5 de la loi de 1850 qui punit des peines de l'article 187 le fonctionnaire public qui viole le secret, pour pouvoir être valablement conféré par une circulaire ministérielle. Aussi nous semble-t-il que l'excuse tirée de cette circulaire ne serait pas obligatoire pour le juge saisi d'une plainte en violation du secret.

**57.** 3° Nous pensons que tout ce que nous avons dit à propos des lettres missives doit s'appliquer aux télégrammes, quant au droit du pouvoir judiciaire de rechercher les preuves des crimes et délits dont il poursuit la répression, mais avec les mêmes restrictions. (N° 49. — Circ. min. du 25 fév. 1856.)

**58.** 4° La disposition de l'article 471 du Code de commerce qui ordonne la remise aux syndics des lettres missives adressées au failli, doit être naturellement étendue aux télégrammes. Des instructions formelles ont été données à cet égard aux directeurs du télégraphe par l'administration supérieure.

Lorsque les dépêches sont adressées hors de son domicile commercial, la remise n'en peut être faite aux syndics que sur une ordonnance du président du tribunal du domicile du failli. Si le syndic voulait s'opposer à la transmission des dépêches du failli, il ne pourrait soutenir cette prétention qu'armé également d'une ordonnance du président du tribunal. Cette disposition toute spéciale qui enchaîne la liberté du failli dans l'intérêt de la masse, était facilement applicable du moment que l'administration est maîtresse de son moyen de communication.

**59.** Il a même été jugé que les syndics sont fondés

à se faire remettre en la présence du failli, ou lui dûment appelé, copies des dépêches télégraphiques commerciales reçues et expédiées par lui et pour lui, antérieurement à l'époque de sa mise en faillite. (Tribunal de Morlaix, 26 juill. 1859.)

## CHAPITRE IV.

**Des rapports conventionnels qui s'établissent entre les administrations postale et télégraphique et les personnes qui ont recours à leur ministère.**

60. Nous avons examiné quels sont les devoirs et les droits généraux des administrations de la poste et du télégraphe en ce qui touche leur monopole et le secret des correspondances qui en est la conséquence. Nous avons à considérer maintenant les rapports spéciaux qui naissent entre ces administrations et les personnes qui ont recours à leur entremise, au point de vue de leur caractère de services publics, placés en intermédiaires obligés entre les correspondants, et comme tels, tenus à assurer la régularité des opérations auxquelles elles sont préposées.

61. Quand l'État se réserve le transport des lettres, il se fait entrepreneur d'industrie au même titre que les messageries, les chemins de fer; il se conclut entre lui et l'expéditeur un contrat de louage d'ouvrage analogue à celui qui se forme entre l'expéditeur de marchandises et le voiturier qui se charge de les remettre à destination. Ses droits et ses devoirs sont donc réglés par les articles 1782-1786 du Code Napoléon sur les voituriers par terre et par eau, avec cette différence,

toutefois, que sa responsabilité est limitée à un taux fixe (50 fr.) en cas de perte de lettres chargées. (Art. 14, 16. Loi du 5 nivôse an V.) Toutefois il faut que la perte ne soit pas le résultat d'une soustraction des employés de l'administration, car, dans ce cas, l'article 1384 du Code Napoléon oblige l'administration à réparer intégralement le préjudice causé par un de ses agents. (N° 69. Crim. cass. 12 janv. 1849. Paris, 6 août 1850. *Contrà*, Cons. d'État, 14 sept. 1852, 29 mars 1853.)

62. Si la nature des opérations postales ne permet pas de faire hésiter sur le véritable caractère du contrat qui se forme entre l'administration des postes et l'expéditeur, en est-il de même en ce qui touche le télégraphe ? La question présente un intérêt sérieux, car, selon que l'on décidera que l'administration télégraphique est entrepreneur de transport ou que le contrat qu'elle conclut avec des tiers est assimilable à toute autre convention que celle de louage d'industrie, on résoudra différemment les difficultés naissant de la responsabilité.

63. Lorsque l'employé du bureau télégraphique opère la transmission d'une dépêche, quel rôle joue-t-il ? Celui de messager, de mandataire, de courtier ? Ne ferait-il pas plutôt les opérations nécessaires pour accomplir l'ouvrage pour lequel il est rétribué ?

64. Pour établir l'analogie de l'administration télégraphique et du messager, on a dit[1] : L'administration est à considérer comme le *nuntius* de l'expéditeur, en tant que celui-ci communique à l'employé le contenu

---

[1]. Busch, *Archiv für die civilistische Praxis*, t. XLV, p. 6.

de son message et que l'employé transmet à destination les termes mêmes dans lesquels il est conçu ; d'où il suit que l'employé est à considérer comme porteur d'une volonté étrangère.

L'analogie cependant semble difficile à établir. Si le message est oral, le destinataire peut lever ses doutes sur la véritable interprétation qu'il faut lui donner, par des questions faites au messager ; s'il est écrit, l'original du message est une preuve entre les mains du destinataire de la volonté de l'expéditeur. Or, une dépêche télégraphique ne se trouve pas dans ce dernier cas ; elle n'est que l'expression de la volonté *présumée* de l'expéditeur, mais dénuée des caractères de certitude d'un écrit original, car des inexactitudes peuvent s'être glissées dans la dépêche par le fait des erreurs commises par les employés dans la transmission des signes ou dans la lecture de ces signes. En aucune manière, au reste, on ne pourrait déclarer que l'expéditeur est responsable des erreurs ou de l'infidélité de son messager, et, dès lors, cette analogie douteuse ne conduirait à aucun résultat pratique.[1]

65. S'il n'est pas messager, l'employé n'est-il pas, au moins, *mandataire* de l'expéditeur? Cette assimilation est aussi inexacte que la précédente. Sans compter que, de sa nature, le mandat est gratuit, et que l'administration met un prix à ses opérations, le caractère distinctif du mandat est le pouvoir donné au mandataire de représenter la personne du mandant et d'agir en son

---

1. Mittermaier, *Archiv für die civilistische Praxis*, t. XLVI, p. 27. — Reyscher, *Zeitschrift für deutsches Recht oder deutsche Rechtswissenschaft*, t. XIX, p. 203.

nom. Prétendra-t-on que l'employé du télégraphe peut être considéré comme le représentant de l'expéditeur?[1]

Mais, a-t-on dit, l'habileté et l'intelligence dont les employés ne peuvent se passer dans leurs opérations, sont une preuve que leur travail ne doit pas être considéré comme mercenaire, mais comme libéral, et, par suite, gratuit comme celui qu'on demande au mandataire. Sans rechercher s'il ne serait pas opportun de rejeter enfin la théorie, fausse au point de vue économique, qui consiste à distinguer le travail en libéral ou non, et à soumettre le premier aux règles du mandat, le second à celles du louage[2], il faut remarquer que la solution de la question de savoir si l'œuvre de l'employé est oui ou non libérale n'a aucune importance pour nous; car ce n'est pas avec l'employé habile que l'expéditeur contracte, mais bien avec l'administration télégraphique, qui, comme l'observe spirituellement Serafini, « ne peut en aucune manière dire qu'elle exerce une profession libérale, à moins qu'on ne veuille considérer comme *libéral* l'acte de se faire payer par anticipation ses services, sans pour cela répondre de la fidèle et exacte transmission de la dépêche. »

Cette manière de voir nous semble d'autant plus concluante que, par suite des progrès que la science fait faire à la partie mécanique de la télégraphie électrique (n° 9), le rôle des employés tend à perdre une grande partie de son importance, et leurs occupations

1. Serafini, *le Télégraphe dans ses rapports avec la jurisprudence civile et commerciale*, § 35.

2. *Voy.* sur ce sujet une dissertation très-importante de M. Renouard dans le *Journal des économistes*, 2e série, t. Ier, p. 161; t. II, p. 5.

tout caractère libéral. Intelligence, habileté, tout cela n'aura plus grande occasion de se manifester lorsque nous posséderons l'appareil Caselli, qui met directement et sans intermédiaire de personnes la volonté de l'expéditeur en relation avec celle du destinataire. L'employé n'aura plus guère à se préoccuper que de soins manuels pour permettre aux correspondants l'usage des appareils de son administration. C'est un véhicule que l'on empruntera à un taux déterminé, et il semblerait dès lors bien difficile de se rendre aux raisons de ceux qui veulent trouver là autre chose qu'un contrat de transport.

66. Ni mandataire, ni messager. L'employé du télégraphe sera-t-il au moins un *courtier?* L'office du courtier consiste à s'entremettre ou à intervenir entre deux personnes pour traiter et faire conclure une négociation entre elles. Peut-on dire que l'employé soit un entremetteur de contrats entre l'expéditeur et le destinataire? A notre avis, l'administration télégraphique ne ressemble guère au courtier qu'en un point, c'est que tous deux ont un privilége pour l'exploitation de leur industrie.

67. Toutes les assimilations qui ont été tentées pèchent donc en un point au moins et ne répondent pas à la nature des choses. L'obligation à laquelle se soumet l'administration télégraphique est celle d'une prestation de services, d'un louage d'industrie (*locatio conductio operarum*). Ce n'est pas un louage d'ouvrage (*locatio conductio operis*), car l'employé ne doit pas livrer un ouvrage (*opus*), mais transmettre, au moyen de signes, la volonté d'une personne à une autre. (Mittermaier, *op. cit.*)

Suivant l'article 1770 du Code Napoléon, il y a trois espèces principales de louage d'ouvrage et d'industrie : 1° le louage des gens de service ; 2° celui des voituriers par terre et par eau, qui se chargent du transport des personnes ou des marchandises ; 3° celui des entrepreneurs d'ouvrage par suite de devis et marchés. Il est évident que le travail de l'administration télégraphique doit se placer dans la seconde catégorie, celle des voituriers par terre et par eau. Or, nous avons vu, à propos des postes (n° 61), que l'on soumet l'administration postale aux règles des articles 1782-1786 ; nous pensons donc qu'il faut appliquer les mêmes règles au télégraphe, qui présente tant d'analogie avec la poste. Aussi trouvons-nous dans le projet de code civil nord-américain pour l'État de New-York, 3° partie, sur les obligations, titre VIII, aux articles 871-936, qui traitent du contrat de transport, des dispositions minutieuses et rigoureuses sur les voituriers, les expéditeurs, les chemins de fer, les bateaux à vapeur, et finalement et spécialement sur la transmission télégraphique.

Nous n'avons pas à examiner ici le principe de l'irresponsabilité de l'État à raison du service de la correspondance privée. Nous ne pourrons le faire utilement qu'après avoir constaté les difficultés auxquelles cette disposition peut donner lieu (n°s 119-136).

## SECTION PREMIÈRE.

**Des rapports spéciaux de la poste avec l'expéditeur et le destinataire.**

68. Toute personne peut recourir au service de transport organisé par la poste pour faire transmettre sa correspondance. Du moment où une lettre est déposée

dans la boîte, l'administration contracte l'obligation de la faire parvenir à destination, mais seulement dans le cas où l'expéditeur s'est conformé aux règlements postaux. Les seules restrictions qui aient été faites à l'obligation de transport concernent les lettres chargées. La loi du 5 nivôse an V, qui n'est que la reproduction de l'édit du 9 avril 1644 et de la déclaration du 8 juillet 1759, dispose, dans son article 16 : « Nul ne pourra insérer dans les lettres chargées ou autres ni papier-monnaie, ni matière d'or ou d'argent, ni bijoux ; en cas de perte, les contrevenants ne pourront réclamer d'autre indemnité que celle portée en l'article 14. » (50 fr.) Cette disposition est encore en vigueur, mais elle a reçu, par la loi du 4 juin 1859, deux modifications importantes. La première établit une sanction pénale qui n'existait pas contre ceux qui auraient inséré dans une lettre des espèces métalliques ou des objets précieux ; car l'article 16 de la loi du 5 nivôse, tout en prohibant l'envoi par lettres de matières précieuses, semble cependant consacrer le droit à une indemnité, en cas de perte d'une lettre pareille. L'article 9, § 1er, de la loi nouvelle porte : « Est punie d'une amende de 50 à 500 fr. l'insertion dans les lettres de l'or ou de l'argent, des bijoux et autres objets précieux. » La seconde modification consiste dans l'autorisation que l'article 1er accorde d'insérer dans les lettres des billets de banque, bons, coupons payables au porteur, tandis que la prohibition de la loi de l'an V comprenait même le papier-monnaie.

69. La responsabilité de l'administration des postes était restreinte, sous la législation antérieure, au cas

de perte de lettres chargées seulement, et limitée au payement d'une indemnité *invariable* de 50 fr., quelle que pût être d'ailleurs l'importance des valeurs qui y avaient été renfermées, importance difficile, au surplus, à établir et à justifier, puisque le chargement des lettres se faisait et se fait encore sans déclaration du contenu de la part de l'expéditeur et sans vérification de la part des agents de la poste. (Art. 7, loi de 1859.)

La perte des lettres *simples* ne fait encourir aucune responsabilité à l'administration. On a pensé que pour les lettres ordinaires circulant sans les mesures de précaution prises pour le chargement, il eût été impossible d'administrer la preuve qu'elles avaient été remises, soit à l'administration par l'expéditeur, soit au destinataire par les agents de la poste. « Les lettres affranchies et non chargées ne sont susceptibles d'aucune indemnité en cas de perte. » (Art. 14, loi du 5 nivôse an V.)

Pour les lettres chargées, c'est la *perte* qui ouvre la responsabilité de l'administration (art. 7), sans distinguer, comme pour la perte des lettres à valeur déclarée, le cas où la perte aurait eu lieu par force majeure (n° 61). (Art. 3.)

A cette responsabilité limitée à une indemnité fixe, la loi de 1859 ajoute, pour le cas de perte de lettres contenant des *valeurs déclarées*, une autre ouverture à responsabilité qui peut aller jusqu'à 2,000 fr., maximum de l'insertion permise des valeurs, responsabilité qui sera exactement proportionnée à l'indication de la somme portée sur l'enveloppe de la lettre perdue. Mais cette responsabilité n'est pas encourue si la perte est la conséquence d'une force majeure dont l'administration devra justifier. (Arg., art. 1784 C. N.) La responsabilité de l'administration cesse par la remise des lettres dont le destinataire ou son fondé de pouvoir a donné reçu. (Art. 8.)

En cas de contestation, l'action en responsabilité est portée devant les tribunaux civils. (Art. 3.) Cette compétence était déjà établie par l'article 3 de la loi du 26 août 1790, titre VIII, qui posait à cet égard une règle générale. La nouvelle loi reproduit cette disposition contrairement à la jurisprudence du conseil d'État, qui attribuait la connaissance de ces contestations à l'autorité administrative, se fondant sur le principe que c'est à l'administration seule qu'appartient le droit d'apprécier le caractère et l'étendue des droits et obligations naissant des services publics dont elle est chargée d'assurer l'accomplissement. (*Voy.*, sur les lettres à valeurs déclarées, les art. 4-6 de la loi du 4 juin 1859.)

Remarquons, à propos de ces lettres, que l'expéditeur qui ferait une fausse déclaration de valeurs sur une lettre qui n'en contiendrait pas, ou qui renfermerait une somme moindre que celle énoncée dans la déclaration, est passible d'un mois à un an de prison et de 16 à 500 fr. d'amende. (Art. 5, *L. cit.*) L'expéditeur qui attache un grand prix à une lettre simple ne peut donc pas arbitrairement estimer le préjudice que la perte de cette lettre lui causerait. S'il tient à ce que sa lettre parvienne en toute sûreté, il devra recourir au chargement, qui lui assure une indemnité de 50 fr. en cas de perte. Il peut prendre aussi la précaution accessoire d'une demande d'avis de réception.

Il serait désirable cependant que l'on permît à l'auteur d'une lettre d'indiquer la valeur qu'il attache à sa lettre, valeur purement morale si l'on veut, mais qui n'en peut pas moins être estimée par l'expéditeur. Cette garantie, qui serait grande, car elle engagerait davantage la responsabilité de l'administration, aurait des avantages considérables pour les particuliers et pour le fisc, et sa concession n'entraînerait pas, croyons-nous, les fraudes que l'on a craint de voir commettre sous son couvert, et qui ont été indiquées par le rapporteur de la loi du 4 juin 1859.

70. Nous avons vu (n<sup>os</sup> 46, 47) que, dans les deux cas exceptionnels de poursuite judiciaire et de faillite, le destinataire perd le droit à la remise des lettres qui lui sont adressées, du moment où le directeur de la poste est légalement prévenu de la mainmise judiciaire intervenue.

Il est un troisième cas où le destinataire peut éprouver un retard dans la remise ou même une perte absolue, c'est celui de mise au rebut. Il se présente lorsque les lettres ont été refusées, lorsqu'elles portent une adresse qui n'est pas celle du destinataire, qu'il ait changé de domicile ou qu'il soit décédé. Toutes les lettres placées dans cette catégorie sont, après un certain délai, centralisées à Paris où on en fait ouverture. Il y a donc ici un fait de violation, mais dans l'intérêt des correspondants, car si la lettre fait connaître l'adresse du destinataire ou de l'expéditeur, elle leur est envoyée. Un avis tout récent de l'administration des postes indique un moyen fort simple pour l'expéditeur d'éviter l'ouverture de sa lettre et de se la faire réexpédier au cas où le destinataire ne pourrait être trouvé;

c'est d'indiquer son adresse sur l'enveloppe même de la lettre.

Les lettres ne contenant pas de renseignements à cet égard sont détruites au bout de trois mois. Les lettres importantes et les lettres chargées sont détruites au bout du même délai, mais leur contenu est mentionné dans un procès-verbal d'ouverture qui est gardé dix ans. (Instr. gén. 1856, art. 1118-28.) Les espèces renfermées dans une lettre sont attribuées à l'État après un délai de huit ans du jour du dépôt de la lettre. (Art. 17. Loi du 5 mai 1855.)

### SECTION II.

#### Des rapports spéciaux du télégraphe avec l'expéditeur et le destinataire.

71. Antérieurement à la loi du 3 juillet 1861 personne ne pouvait correspondre par la voie télégraphique s'il ne justifiait de son identité, et si le directeur n'était à même de constater la sincérité de la signature apposée par l'expéditeur au bas de la dépêche. (Art. 1er de la loi du 29 mars 1850. Art. 2 du décret du 17 juin 1852.) Mais l'expérience ayant prouvé que les abus qu'on avait craint de voir commettre par la malveillance au détriment des intérêts privés, de la sécurité des familles, au moyen de dépêches télégraphiques signées d'un faux nom, ne se sont pas produits, et la loi nouvelle n'a fait de la constatation d'identité qu'une mesure facultative pour l'administration. Si on ne peut qu'applaudir à cette disposition qui simplifie extrêmement l'usage du télégraphe, il se présente cependant des cas où l'identité de l'expéditeur peut être extrêmement

utile à connaître pour le destinataire. Ainsi, la cour d'assises de la Seine a été saisie récemment d'un cas de faux par télégraphe. Deux jeunes gens étrangers, A et B, résidant en France, écrivent et font transmettre en Asie, dans un but de concurrence déloyale, une première dépêche devant arrêter certaines opérations commerciales; quelques heures après, ils font suivre ce message d'un nouvel avis, disant de considérer le premier comme nul. Ils signent les deux dépêches du nom du correspondant ordinaire C du destinataire D, mais avec la précaution assez importante de glisser un changement dans le nom du signataire, changement qui pouvait être attribué à une erreur télégraphique. Le destinataire, ne comprenant pas ces deux dépêches successives, s'adresse à son correspondant habituel, lequel découvre le faux. Cette espèce est citée par M. L. de Lameillère, p. 156, d'après la *Gazette des Tribunaux* du 31 juillet 1863.

72. Mais l'expéditeur autorisé à communiquer sa minute à l'agent du télégraphe, peut s'en voir refuser la transmission, si le directeur le juge contraire à l'ordre public et aux bonnes mœurs. Dans ce cas, que nous avons eu l'occasion d'examiner à propos du secret, le fonctionnaire de l'ordre administratif compétent, consulté par le directeur, doit statuer d'urgence (art. 3 de la loi du 29 nov. 1850); le directeur énonce sur la minute la cause de son refus, signe et remet la pièce au déposant. Ce pouvoir discrétionnaire n'est mis en usage que dans des cas très-rares, car il pourrait amener de graves abus. Mais il nous semble que la concession de cette faculté d'appréciation pourrait légitimer

contre le directeur du bureau télégraphique une poursuite pour complicité d'un crime ou délit commis par
télégraphe. Supposons le cas suivant : une personne se
présente et demande la transmission d'une minute ainsi
conçue : «M. A à St. Adressez-moi une dépêche disant
que.... et signez-la : B. » Si le directeur autorisait la
transmission de cette dépêche dont la portée ne peut
pas lui échapper, car les termes en sont assez clairs,
il manquerait évidemment à ses devoirs, car, pouvant
se soustraire à l'exécution de la transmission qu'on lui
demande, il pourrait être considéré comme s'étant
rendu solidaire des résultats d'une combinaison frauduleuse.

Nous avons vu (n° 58) que le syndic d'une faillite,
armé d'une ordonnance du président du tribunal, peut
s'opposer à la transmission des dépêches du failli. La
loi de 1861, en n'exigeant pas la constatation d'identité, rend cette mesure bien plus difficile, car le failli
pourrait communiquer par télégraphe sous un nom
autre que le sien.

73. La minute à expédier remise au bureau doit
être écrite, au moins en France dont l'administration
est une des plus tolérantes sous ce rapport, en caractères romains, mais sans qu'il y ait aucune restriction
relativement à l'idiome employé. Au reste, la langue
française a ce privilège d'être, en matière télégraphique aussi, la plus généralement employée; elle tend
à se substituer à toute autre, particulièrement pour la
correspondance des journaux et pour le service administratif de la télégraphie européenne. — Les dépêches
chiffrées ne sont pas acceptées de personnes autres que

les agents diplomatiques qui, dans ce cas, revêtent la minute de leur cachet. Il y a cependant une exception en ce qui concerne les cours de Bourse et le prix courant des marchandises, mais l'administration prend la précaution de réclamer une dépêche type contenant les noms des valeurs dont on veut transmettre les cours. L'expéditeur laisse la minute entre les mains de l'employé chargé de la transmission et reçoit un reçu constatant cette remise. La minute est conservée dans les archives particulières du bureau expéditeur pendant un délai qui jusqu'ici avait été fixé à un an par un article de la convention internationale qui a été abrogé et non remplacé. (*Voy.* L. de Lameillère, note 2, p. 139.)

# TROISIÈME PARTIE.

## DES RAPPORTS FORMÉS ENTRE LES PARTICULIERS PAR LA CORRESPONDANCE.

## CHAPITRE PREMIER.

### Caractères généraux des lettres missives et des télégrammes.

**74.** Dans l'exposé des principes généraux qui règlent le transport de la correspondance privée, nous avons dû nous arrêter un peu longuement à l'organisation administrative des services publics institués à cet effet, afin de ne pas être obligé d'élucider à tout moment des questions secondaires dans les discussions plus spécialement juridiques auxquelles nous avons à nous livrer actuellement.

Nous avons envisagé jusqu'ici les lettres missives et les télégrammes au point de vue à peu près exclusif des moyens de transmission qui ont été organisés pour la plus grande sûreté de ce service, des garanties que les correspondants sont en droit de réclamer et des obligations qui leur sont imposées. Il nous reste à considérer les nombreuses questions de droit civil et commercial qui se présentent à l'occasion de la correspondance privée et particulièrement celle de la formation des contrats entre absents. Nous n'avons encore que passagèrement eu l'occasion de traiter de la nature juridique des lettres et télégrammes, nous bornant à affirmer leurs caractères généraux. Il convient d'y revenir.

**75.** La correspondance privée est le fait par deux personnes de se mettre en relation de pensée, dans la vue de se soumettre réciproquement leur manière de voir et, le plus souvent, d'arriver à une conformité de décision sur un objet donné. Ces relations ne peuvent se former que par l'intermédiaire de deux services publics préposés à la transmission de la correspondance, la poste et le télégraphe. Entièrement dissemblables, quant à leurs moyens d'action, les administrations concourent à un but commun qui est de créer des moyens de communication rapide entre des personnes éloignées. La différence dans les moyens par lesquels une personne fait connaître sa volonté à son correspondant est malheureusement si grande encore aujourd'hui qu'on ne peut assurer qu'une dépêche télégraphique renferme l'expression aussi sincère de la pensée de l'expéditeur qu'une lettre missive. En attendant le moment, prochain sans doute, où une assimilation entière pourra être faite entre ces deux modes de correspondance, étudions le caractère respectif de chacun d'eux.

**76.** Qu'est-ce donc qu'une lettre missive ? Qu'est-ce qu'un télégramme ? Suivant M. Dalloz, « *lettre missive* est le nom générique que l'on donne aux lettres de circonstance, concernant des affaires particulières et destinées à être envoyées aux personnes à qui elles sont adressées, ou qui leur sont déjà envoyées. » C'est le moyen de communication le plus sûr et le plus intime, car la pensée peut s'y reproduire dans toutes ses nuances, avec tous ses développements, et indiquer, par suite, au destinataire la nature exacte des rapports qu'on veut lier avec lui. Comme c'est la main de celui qui pense, qui trace les caractères d'écriture, aucune erreur n'est possible dans l'expression de sa volonté que celles dont il est redevable à son ignorance ou à son incurie. Une lettre est encore, suivant Bartole, une conversation entre absents, « *epistola absenti idem est quod sermo præsentibus, et qui mittit alteri litteras, intelligitur præsens præsenti loqui*. (Bartole, sur la Loi 1, D. *De donationibus*, 39, 5.)

77. La même définition pourrait s'appliquer aux télégrammes dont l'objet est également de mettre en relation de pensée des personnes éloignées ; mais bien que poursuivant un but identique, ils sont loin d'offrir la même certitude que les lettres dont de nombreuses différences les distinguent. (Mittermaier, *op. cit.*, p. 6.)

1° Le principal mérite des lettres est d'exprimer d'une manière claire et complète la pensée de celui qui l'envoie. Pour des raisons d'économie que nous n'avons pas à indiquer, l'expéditeur d'une dépêche télégraphique s'astreint le plus souvent à un laconisme d'expression dont l'intelligence du destinataire éprouve quelquefois des difficultés à dégager la véritable portée.

2° Quelle est la valeur intrinsèque d'un télégramme ? Évidemment elle diffère de celle d'une lettre missive. Cette dernière est écrite de la main de l'expéditeur ou du moins signée, c'est-à-dire approuvée par lui. Le destinataire n'éprouve donc aucune incertitude sur sa provenance et peut, par conséquent, s'engager avec sécurité sur la foi d'une communication dont il connaît l'auteur. L'autographe qu'il a entre les mains pourra être invoqué par lui comme preuve de la nature des engagements qui lui ont été proposés. Le télégramme, au contraire, ne présente le plus souvent aucun caractère de certitude absolue quant à la personne dont il émane. L'écriture de la dépêche n'est pas celle de l'expéditeur, mais celle de l'employé du bureau de destination qui a dû interpréter en langage vulgaire les signes de l'appareil télégraphique qu'il a déchiffrés, et quant à la signature apposée au bas, est-on sûr, à défaut de constatations d'identité qui sont assez rares, que la personne qui a fait télégraphier, assume la responsabilité de ce qu'elle écrit, ou ne pourrait-on pas être le jouet d'une communication supposée ? La dépêche n'est donc pas, entre les mains de celui qui la reçoit, un moyen de preuve assuré de la validité de l'obligation qu'il a contractée sur sa foi.

3° Tandis que rien ne peut altérer la pensée exprimée dans une lettre missive, la dépêche télégraphique, au contraire, peut contenir une interprétation erronée de la volonté de l'expéditeur, car rien n'assure que l'employé du bureau de départ emploiera les signes convenus pour l'expression exacte de l'original déposé entre ses mains, ni que l'employé du bureau d'arrivée ne commettra aucune erreur dans le déchiffrement de ces signes, et, par suite, dans leur traduction en langue vulgaire. L'incertitude sur la conformité du télégramme avec l'original devient plus grande encore et plus légitime lorsque, en raison du grand éloignement des lieux de départ et d'arrivée, les opérations de la transmission doivent se faire par l'intermédiaire de plusieurs bureaux. Il faut donc que la confiance de ceux qui emploient le télégraphe soit considérable dans la capacité des employés de cette administration et dans la fidélité avec laquelle ils s'acquittent des devoirs de diverse nature qui leur sont imposés.

4° Une différence qu'il importe également de relever c'est que, à moins d'accidents de force majeure extrêmement rares, l'expéditeur d'une lettre missive connaît d'avance, avec certitude, le moment où elle sera remise, tandis que celui qui se sert du télégraphe n'est jamais assuré que le destinaire recevra la dépêche dans un temps donné, car, soit par suite d'encombrement de communications dans les bureaux, soit par suite d'accidents atmosphériques assez fréquents, des retards considérables peuvent retarder l'envoi d'une dépêche et causer des embarras regrettables dans des négociations entamées par les voies rapides.

Mais à côté de ces inconvénients, que des améliorations constantes dans le service télégraphique suppriment ou atténuent chaque jour davantage, il importe de mettre en relief, au profit des communications télégraphiques et à l'encontre des communications postales, la merveilleuse rapidité qui les caractérise, dont le secours est devenu si essentiel aux transactions multipliées et considérables du commerce moderne, et surtout, point important, qui permet, avant l'arrivée au destinataire d'une lettre missive, d'en rétracter ou d'en modifier le contenu. Du reste, les règlements télégraphiques signalent un certain nombre de précautions que les correspondants peuvent prendre pour se mettre à couvert des erreurs auxquelles les transmissions sont sujettes.

78. Il résulte de ces développements que la diffé-

rence capitale qui sépare la lettre missive du télégramme, c'est que l'une est un autographe et que l'autre ne saurait être considéré comme tel. Cette assimilation a été proposée cependant et MM. Fuchs et Stubenrauch[1] se sont appuyés, pour l'établir, sur la volonté présumée des correspondants, qui ne sauraient, disent-ils, attribuer une force autre au télégramme du moment qu'ils emploient la voie télégraphique de préférence à la voie postale. Cependant M. Stubenrauch hésite à soutenir toutes les conséquences de son principe, car il est obligé de reconnaître que le caractère du télégramme n'est plus le même, lorsque la dépêche diffère de la minute en un point essentiel. Outre que cette manière de voir ne prête guère de force à la solution des questions que soulève la correspondance télégraphique, elle fait trop bon marché des conditions particulières auxquelles elle est soumise (n° 77, 2°). De plus, au lieu de subordonner le caractère du télégramme à l'intention de l'expéditeur lorsqu'il écrivait sa minute, cette théorie amène à faire litière de cette intention, qui seule a de la valeur au point de vue de la conclusion d'un contrat, au profit du résultat matériel que le jeu des appareils télégraphiques et la capacité, douteuse peut-être, des employés aura mis sous les yeux du destinataire. La conclusion naturelle de ce système serait, qu'en cas de litige sur la vraie signification d'une déclaration de volonté, la preuve directe ne pourrait être faite qu'au moyen du télégramme et non de la minute écrite par

---

1. Fuchs, *Archiv für die civilistische Praxis*, t. XLIII, p. 94-102. — Stubenrauch, *Allgemeine österreichische Gerichts-Zeitung*, t. XII, n°ˢ 18 et 19.

l'expéditeur. — Dans un autre système, on reconnaît bien que le télégramme ne peut être considéré comme un autographe, mais on veut lui attribuer le caractère d'une copie authentique de la minute, et comme telle, faisant preuve complète contre l'expéditeur au même titre que l'original.

M. Serafini (§ 26) combat avec beaucoup de force ces deux théories et rétablit d'une manière pleinement satisfaisante la nature du télégramme, en analysant les opérations diverses nécessaires à sa formation. Au premier système il oppose une raison péremptoire, à notre avis, c'est que la signature autographe de l'expéditeur n'étant pas apposée sur le télégramme, on ne peut y voir un original ; au second, il objecte qu'on ne peut attribuer le caractère d'une copie de l'original·à un écrit émanant d'un employé, celui du bureau de destination, qui n'a pas même la minute sous les yeux.

79. Le télégramme n'est donc ni un·original ni une copie de l'original, mais simplement une copie des signes qui se produisent à l'appareil du bureau d'arrivée, copie qui n'est pas même authentique, car elle ne fait pas foi par elle-même du déchiffrement exact des signaux par l'employé de la station d'arrivée, ni de leur transcription exacte. Il peut, en effet, en cas de difficulté, y avoir lieu à une vérification de l'exactitude des opérations télégraphiques, au moyen de la confrontation soit des bandes de réception, soit du télégramme avec la minute de la dépêche. La preuve complète de la conformité de la dépêche remise au destinataire avec la minute de l'expéditeur n'est acquise qu'à partir de cette vérification, qui deviendra ainsi, pour l'employé, une

justification de l'exactitude de son travail ou une constatation de sa faute; pour l'expéditeur une preuve certaine des déclarations de volonté qu'il a portées dans la minute; pour le destinataire un moyen de forcer son correspondant à se soumettre aux conséquences de ses communications sur la foi desquelles il s'est engagé. — Il semble difficile de se soustraire aux conséquences logiques qui découlent du caractère particulier du télégramme tel que nous venons de l'exposer. Les assimilations qui ont été essayées sont erronées, en un point au moins, et faussent, au détriment des correspondants, des principes de droit incontestables et particulièrement celui de l'irresponsabilité des individus pour des faits qu'on ne peut leur imputer à faute. Nous nous rattachons donc à une explication acceptée par MM. Serafini, Mittermaier, Bosellini et Reyscher, et qui n'étend pas arbitrairement la portée d'un fait matériel dont nous avons décomposé et analysé tous les éléments en leur attribuant leur valeur propre.

80. En dehors de la législation administrative et pénale que nous avons eu à examiner jusqu'ici, nous ne trouvons guère, pour ne pas dire aucune disposition législative sur les points très-importants que nous allons avoir à étudier et qui touchent directement au droit civil. A qui appartient la propriété des lettres missives et des télégrammes? Quelle est la force probante de la correspondance privée dans la procédure civile, commerciale et criminelle? A quel moment se forme la convention conclue par correspondance? Quelles sont les règles de responsabilité pour les contrats par correspondance? A l'égard des lettres missives, si nous ne

trouvons pas dans la loi un guide sûr, du moins pou-
vons-nous nous appuyer sur une jurisprudence, contra-
dictoire quelquefois, mais reposant au moins sur des
principes généraux dont on peut dégager la nécessité
et la légitimité ; relativement à la correspondance télégraphique, ce guide nous manque d'une façon absolue
et il n'est pas étonnant que les tribunaux, dans les rares
espèces qui leur ont été soumises jusqu'ici, aient été
empêchés de fournir des solutions de principe des difficultés qui se présentent. Ils se trouvaient placés, en
effet, devant la règle, assurément singulière en droit,
de l'irresponsabilité de l'administration télégraphique à
raison des fautes auxquelles son service peut donner
lieu. Cette déclaration péremptoire, placée en tête de
la loi qui accorde au public l'usage du télégraphe, rend
évidemment impossible une solution juridique de quelque valeur, car tout rapport de droit devant nécessairement se résoudre par l'application de la sanction légale à celui que les tribunaux déclarent être en faute,
du moment que le principal coupable — qui le plus
souvent est l'administration télégraphique — se trouve
être une personne légalement irresponsable, il ne reste
plus aux tribunaux qu'à créer une responsabilité fictive
en la déplaçant et à faire supporter leurs rigueurs à un
individu manifestement innocent de la faute qu'il expie.
Cette singulière situation mérite toute l'attention du législateur, qui ne pourra toutefois combler cette lacune
que lorsque les nouveaux progrès de la science seront
acquis à la pratique journalière.

# CHAPITRE II.

## De la propriété des lettres missives et des télégrammes.[1]

81. Après avoir examiné le caractère matériel en quelque sorte des lettres missives et des télégrammes, nous devons nous arrêter à la nature intrinsèque des communications privées et étudier ce point de vue sous ses différents aspects, qui sont très-variés, afin d'établir la nature de la propriété dont la correspondance peut être l'objet.

Un morceau de papier couvert d'écriture met en communication de pensée, de volonté, celui qui l'écrit et celui qui le reçoit; le destinataire en est saisi, la propriété lui en est acquise à partir du moment où la remise lui en a été faite par l'administration chargée du transport. Mais cette propriété est-elle soumise aux règles du droit commun, peut-elle se transmettre d'une personne à une autre, peut-elle se perdre, peut-on en user, en abuser, le détenteur peut-il invoquer l'article 2279?

82. Cette propriété est d'une nature toute particulière; car en même temps qu'une lettre, un télégramme, est un objet matériel dont il semble naturel d'attribuer la possession complète à son détenteur légitime, on y trouve l'expression d'une pensée qui, par cela même qu'elle a été livrée à une personne spécialement déterminée, ne saurait être considérée, dans la plupart des cas, que comme une confidence dont le

---

1. *Voy.* Würth, *Belgique judiciaire*, t. XX, n° 89. — Dalloz, *Répertoire*, v° LETTRES MISSIVES.

secret doit être restreint entre celui qui la fait et celui qui la reçoit. Cependant si, par le fait même de l'adresse mise sur une lettre, l'intention probable de l'expéditeur paraît être d'avoir voulu en donner connaissance à son seul destinataire, cette indication seule ne saurait en aucune manière déterminer la nature exacte de la correspondance et le degré, la mesure de son caractère confidentiel. La personne qui reçoit une lettre est-elle absolument maîtresse de son contenu de manière à pouvoir le divulguer, ou bien est-elle obligée de droit et d'honneur de garder religieusement le secret de ce qu'on lui écrit? Il ne paraît pas possible de résoudre exactement ces questions, car les nuances infinies qui se rencontrent dans les correspondances échappent presque forcément à une analyse et à des distinctions dont la subtilité serait le premier tort et qui ne pourraient jamais embrasser les cas variés qui se présentent. C'est dans les habitudes et les convenances sociales qu'il faut puiser les règles délicates à suivre, et c'est l'honnêteté individuelle qui est la meilleure garantie des intérêts de chacun. Si l'on voulait poser un principe absolu dans cette matière, on devrait s'arrêter de préférence à celui du caractère secret et confidentiel de la correspondance privée; les dérogations qui pourraient y être faites ne proviendraient que d'un accord formel ou tacite entre les correspondants qui détermineraient la limite dans laquelle des tiers pourraient être admis à participer à la connaissance des choses qu'ils se confient.

83. Les mêmes règles s'appliqueront-elles aux correspondances des personnes mortes et de celles qui

vivent encore, et spécialement aux correspondances des personnages historiques?

Si les relations sociales ont besoin d'être couvertes et garanties par le secret des lettres confidentielles, c'est que l'honneur des familles et, par suite, des intérêts extrêmement puissants doivent être soustraits aux indiscrétions de la mauvaise foi et de la calomnie; c'est qu'il ne saurait dépendre de l'indignité d'un correspondant d'exposer la vie privée des individus aux insinuations et aux doutes qu'il est trop facile de faire naître par le récit des confidences où l'on a mis le plus secret de ses pensées, les plus cachés de ses actes. Laubardemont ne se faisait-il pas fort de perdre un accusé pourvu qu'on lui donnât six lignes de son écriture? La sauvegarde de cette nécessité sociale apparaît plus nécessaire encore lorsqu'il s'agit de la correspondance des personnes vivantes que des personnes mortes. Tandis que les unes peuvent être directement atteintes dans leur réputation et dans leurs intérêts matériels par la divulgation de leur vie intime, les autres ne sauraient plus en souffrir que dans la pureté de leur mémoire et le respect dû à leur famille et à leurs œuvres. Mais encore cette considération est-elle d'un poids assez sérieux pour qu'il faille hésiter à attribuer à leur correspondance un caractère de publicité tel qu'il serait permis, sans encourir aucun reproche ni aucune poursuite, de les livrer à une divulgation à laquelle elles eussent été soustraites du vivant de leur auteur. Ce principe a été consacré par un arrêt de la cour de Paris du 10 décembre 1850. (N° 91.)

84. Cependant la question devient très-délicate lors-

qu'elle s'élève à l'occasion de la correspondance des personnages historiques. S'il ne s'agissait que de sous-traire leur vie privée à l'analyse bruyante d'une littérature à la recherche du scandale et du nouveau, le mal ne serait pas grand de donner comme règle absolue le secret de la correspondance; mais des intérêts plus hauts sont en jeu, ceux de la vérité et de la justice historiques. Certes, ce sont des considérations différentes qu'il faut avoir en vue, suivant qu'il s'agit de la divulgation d'une vie obscure que l'on tire du silence où elle est plongée pour la livrer aux inventaires d'une vaine curiosité, ou des éclaircissements que l'on recherche sur une existence liée aux événements de l'histoire. Lorsque s'instruisent devant l'opinion publique ces grands procès qui ont pour justiciables tous les hommes mêlés aux événements politiques, le premier devoir de l'écrivain est la vérité et l'impartialité; lorsqu'il doit peser d'une balance égale le bien et le mal, les titres d'honneur et de blâme, on ne saurait lui refuser les pièces principales de sa recherche et soustraire à ses appréciations les documents les plus utiles pour répandre la clarté. Si la cour de Paris a apprécié, dans le procès que nous venons de citer, que l'intérêt privé était plus blessé que l'intérêt historique n'était servi par la publication des lettres intimes de Benjamin Constant à M^me Récamier, l'amie de M^me de Staël, il est évident que son droit et son devoir étaient d'arrêter les effets de cette indiscrétion; mais cette espèce ne peut pas servir à asseoir ce principe, qui n'est pas incontestable, que l'homme public, dans tous ses actes publics, appartient à l'histoire et que l'homme privé ne relève que de sa conscience et de sa famille. Si l'histoire est une haute école morale, c'est qu'elle est obligée de scruter toutes les origines des événements pour en exposer les phases diverses, et qu'elle ne peut le faire qu'en examinant tous les ressorts des événements, non-seulement ceux qui se montrent au grand jour, mais très-souvent ceux que font jouer les défaillances de l'intérêt, de l'ambition ou du sentiment. Il serait difficile que, pour cette recherche pénible, on délimitât rigoureusement les droits de l'historien qui doit puiser dans tous les documents la lumière qui justifiera ses conclusions et qui lui permettra de juger, en dernière analyse, avec la conscience du moraliste, les titres des hommes politiques à l'admiration, à l'estime ou au mépris de l'opinion. L'auteur de l'*Acte additionnel* lui appartient tout entier, comme M^me Récamier et M^me de Staël qui, elles aussi, ont joué leur rôle sur la scène politique; je veux que Robespierre soit en même temps l'odieux homme de sang et le signataire de telle correspondance où il pleure avec une jeune pensionnaire la perte de ses serins; je veux que le grand orateur de la Constituante me livre ses lettres au comte de la Marcq sur les conditions du marché dont la Révolution est la marchandise. En face des exigences de l'histoire se trouvent celles de l'intérêt privé; mais ces dernières n'ont qu'un temps et sont soumises à une sorte de prescription morale dont l'opinion publique détermine le mieux la durée. A ce point de vue, aucune considération de famille ne légitimerait la soustraction de lettres même confidentielles d'hommes tels que Descartes, Bossuet, Voltaire, Malebranche, Leibnitz. Le droit d'un peuple sur la vie occulte d'un homme public existe donc à notre avis, mais c'est un droit à terme dont l'échéance varie suivant les circonstances. C'est une question de haute appréciation que les tribunaux peuvent toujours être appelés à résoudre et qu'ils devront toujours décider dans le sens de l'arrêt du 10 décembre 1850, chaque fois que l'honneur, la considération, les intérêts matériels de la famille dont l'on découvre les secrets seront gravement compromis par une divulgation posthume.

85. La lettre missive appartient, en général, à celui qui la reçoit dès l'instant où celui qui l'a écrite s'en est dessaisi, mais dans la mesure seulement où celui qui l'a écrite a voulu la donner. (Dig., L. 65, *De acqu. rer. dom.*, 41, 1. Merlin, *Rép.*, v° VENTE, § 1, art. 3, 11. Roll. de Villargues, v° LETTRES MISSIVES, 1, 2.) Si la lettre est un titre pour la personne qui la reçoit, si elle contient une offre, un consentement, l'acceptation d'un marché offert, elle est la preuve de la transaction qui intervient; elle appartient à celui qui en a été saisi et peut servir de preuve en justice de la conclusion du contrat qui a été lié. Cette règle est la seule applicable, en cas de soustraction d'une lettre missive, pour déterminer à qui la remise en sera faite. Ainsi il a été jugé que l'auteur d'une lettre confidentielle n'était pas fondé à réclamer la remise de cette lettre sous le prétexte qu'elle aurait été communiquée par le destinataire à un tiers, « considérant que, dès qu'une lettre a été remise à la personne à laquelle elle est adressée, elle cesse d'être la propriété de celle qui l'a écrite. » (Amiens, 21 fév. 1839.) Dans l'espèce, la lettre avait été soustraite à son destinataire. La décision eût été sans doute diffé-

rente si le destinataire avait lui-même communiqué la lettre à celui qui en avait abusé. (N° 89.)

Un arrêt, qui semble contraire dans une certaine mesure, avait décidé que la lettre serait rendue à son auteur; mais le caractère particulièrement confidentiel de la lettre justifie fort bien cette décision, car l'auteur était le mari de la femme au préjudice de laquelle la soustraction avait eu lieu. (Paris, 13 mai 1826.)

86. On décide également, en conséquence du principe que la propriété d'une lettre appartient au destinataire, que l'avoué qui a occupé dans une instance pour son client n'est pas tenu de rendre, lorsqu'il remet les pièces de l'affaire, les lettres que ce dernier lui a écrites. (Limoges, 19 avril 1844.) En matière d'état civil, les lettres, étant la propriété du destinataire, ne peuvent être produites en justice que de son consentement.

87. Cependant cette propriété est bornée par un autre principe lorsqu'il s'agit de lettres confidentielles; c'est que l'auteur de la lettre reste maître de sa confidence, en ce sens qu'il ne peut pas dépendre du destinataire d'exciper de son droit de propriété pour annuler l'effet que l'auteur de la confidence prétend en tirer, ou que ses ayants cause peuvent légitimement en espérer. Ainsi, suivant Merlin, dans les questions d'état, les lettres confidentielles écrites à des tiers ne sont pas dépourvues de force probante quand elles émanent d'une partie qui est ou qui serait, si elle n'était pas décédée, intéressée dans la contestation.

88. Les parties auxquelles il importe que de telles lettres soient produites peuvent arriver à ce but quand,

par exemple, elles se trouvent entre les mains d'un tiers que la notoriété publique signale comme détenteur, ou dans un dépôt public (art. 849, C. pr.), ou qu'elles sont consignées dans les registres d'un commerçant qui peut être forcé de les produire en justice soit par communication, soit par représentation. Cette production, qu'on appelle quelquefois improprement compulsoire, n'est qu'une demande de communication de pièces qui peut être formée dans le cours d'une instance contre la partie qui les a en sa possession. En règle générale, dit Merlin (*Rép.*, v° COMPULSOIRE, § 2), on peut, dans le cours d'une instance, exiger la communication des pièces dont on est propriétaire ou dont la propriété est commune avec la partie qui les détient. Or c'est précisément le cas des lettres confidentielles d'être la copropriété de l'expéditeur et du destinataire.

Mais à l'égard des titres purement privés, personne n'a le droit d'en pénétrer le secret, ni, par suite, d'en exiger la communication. Le secret des actes sous seing privé ne peut être violé qu'en matière criminelle dans le cas de perquisition des pièces et papiers du prévenu, et en matière commerciale par la production des livres soumis à représentation. (Carré et Chauveau, n° 2887.)

Il vient d'être jugé, par un arrêt de la cour de Metz du 27 mai 1864, qu'au décès d'un notaire, l'administration de l'enregistrement a le droit de demander communication des minutes, des répertoires, des actes sous seing privé, déposés au rang des minutes, mais non des actes qui auraient été déposés entre les mains du notaire à titre confidentiel ou qui seraient personnels au notaire.

**89.** Si la lettre n'est plus un titre pour la personne qui la reçoit, elle ne lui appartient plus d'une manière aussi absolue, mais seulement dans les limites où elle lui a été confiée. Elle ne pourra pas devenir entre ses mains une arme à son profit ou au profit d'un autre ; il ne pourra pas la produire dans une instance. Une lettre confidentielle reste, en effet, la propriété de celui qui l'écrit, et seulement un dépôt entre les mains du destinataire. Elle ne peut être rendue publique sans le consentement de son auteur, bien qu'elle ait déjà reçu une publicité partielle. (Circ. min. 18 fév. 1816.) Si la personne à qui elle était adressée la mettait au jour, elle manquerait à la bonne foi et pourrait encourir des dommages-intérêts. Ainsi, l'on ferait rentrer dans cette catégorie les lettres écrites par un mandant à son mandataire ; ce dernier peut toujours être tenu de les rendre à leur auteur, lequel reste maître de leur contenu qui l'intéresse immédiatement. Il a été jugé, dans ce sens, que les lettres écrites à un commis voyageur ne cessent pas d'être la propriété de son commettant qui est fondé à en exiger la remise. (Bordeaux, 12 mars 1842. *Contrà*, Req. cass. 19 fév. 1845. Troplong, *Du mandat*, n°s 428, 768.) — Mais cela n'est vrai qu'autant que les lettres ont un caractère confidentiel. Cependant on ne saurait obliger le mandataire à se dessaisir des lettres, même confidentielles, justificatives de l'espèce de mandat ou de commission qu'il aura reçu et qui pourront lui servir, soit à établir la légitimité de ses prétentions contre son commettant, soit à repousser les demandes formées contre lui ; mais il est évident que si la lettre confidentielle doit lui servir de preuve, la lecture n'en devra être faite que pour la partie nécessaire à la justification du mandataire. (Dalloz, *loc. cit.*, n° 8.)

90. Cette exception au principe de la propriété des lettres missives et de l'usage qu'on en peut tirer n'est pas la seule. Lorsqu'une personne adresse à une autre une lettre confidentielle, il intervient entre les correspondants un pacte tacite que les choses qui ont été communiquées n'iront pas plus loin que la personne qui en a directement eu connaissance et que la notoriété publique ne pourra pas s'emparer d'un secret qui doit rester entre amis. Cette condition inhérente à toute lettre confidentielle doit être scrupuleusement remplie et sa violation justifierait une demande en dommages-intérêts. Cependant le recours de l'auteur de la lettre pourrait lui être contesté dans le cas où, se fiant à l'exécution de la condition tacite du secret, il aurait adressé sa lettre à une personne qui ne posséderait pas son entière confiance et qui aurait divulgué les communications qui lui ont été faites. Le signataire de la lettre aurait à se reprocher la faute de n'avoir pas indiqué à son indiscret correspondant la nature absolument secrète de la confidence qui lui est faite et de l'avoir ainsi mis en demeure de la respecter.

91. Il est donc évident que l'auteur d'une lettre est le maître d'indiquer la mesure dans laquelle il entend donner communication de ses pensées, et son droit à cet égard est absolu. Mais s'il peut le sauvegarder de son vivant, après sa mort, le sort de ses lettres sera-t-il à la discrétion absolue de ceux qui en sont détenteurs? Le dépôt qu'on a fait entre leurs mains de secrets inviolables ne se change-t-il pas, après la mort du dépo-

sant, en propriété dont ils ont le droit de tirer le parti qui leur conviendra? La négative ne nous semble pas douteuse (n° 83), soit que l'auteur défunt des lettres ait déclaré quelle était sa volonté à cet égard, et qu'il l'ait ainsi placée sous la protection des tribunaux qui doivent faire respecter la disposition qu'il fait de son patrimoine immatériel, comme ils garantissent ses dernières dispositions relatives à ses biens corporels, soit qu'il ait négligé de s'expliquer à cet égard. Si l'on admet que la détention d'une lettre confidentielle ne saurait perdre le caractère de dépôt pour devenir une propriété librement disponible, il faut admettre que les héritiers du signataire de la lettre sont placés vis-à-vis de cette lettre dans la même position que leur auteur et ont les mêmes moyens d'en assurer le secret. Mais il y a dans cette question une chose plus respectable, quoique moins juridique, que le passage entre les mains des successibles de toutes les choses de la succession telles qu'elles se présentaient au moment de son ouverture; ce sont les droits de la famille considérée comme telle, abstraction faite de la question de savoir si elle prend une part dans le patrimoine du défunt. Elle se défend elle-même en défendant l'honneur du nom dont une lâcheté posthume prétendrait se jouer. A ce point de vue, l'arrêt du 10 décembre 1850, rendu par la cour de Paris dans l'affaire Collet, a parfaitement jugé que celui à qui des copies de lettres confidentielles ont été remises par la personne à qui elles avaient été adressées, pour les publier après le décès de celle-ci, doit, sur l'opposition à la publication de la part des héritiers de l'auteur et de ceux du mandant, et alors que la publication est ainsi devenue impossible, en faire remise aux héritiers de la personne de qui il les tient. (N⁰ˢ 83, 84.)

92. Il peut se présenter encore un autre cas dans lequel on ne pourrait se prévaloir du principe que la lettre devient la propriété de celui qui la reçoit. Lorsqu'un auteur communique dans une lettre une partie de l'ouvrage qu'il se propose de publier, soit pour divertir la personne à qui il l'écrit, soit pour solliciter son avis sur la valeur de son travail, il est clair qu'il n'entend pas se dessaisir de la propriété des idées qu'il communique, de telle sorte que son correspondant pourrait les livrer à la publicité. Ce sont là de véritables œuvres littéraires. Lorsque Diderot écrivait à Grimm ses lettres si renommées sur les expositions de tableaux, les premiers *Salons* qui aient été faits en France; lorsque Pascal adressait au R. P. Annat ses dernières *Lettres provinciales*, ces deux auteurs restaient propriétaires de leurs travaux dont ils faisaient, en quelque sorte, un dépôt confidentiel entre les mains de leurs amis. L'abus de confiance qui résulterait de la publication de lettres de cette nature devrait être apprécié suivant les règles qui régissent la propriété littéraire.

93. Lorsqu'une lettre renferme quelque confidence et que la personne à qui elle a été écrite ne pouvait la mettre au jour sans manquer à la bonne foi, cette personne ne peut s'en prévaloir en justice et les juges doivent, ainsi qu'ils sont dans l'usage de le faire, en ordonner la restitution, quelque rapport qu'elle ait avec l'affaire. Cette règle, qui est enseignée par Merlin, *loc. cit.*, n⁰ˢ 6-11, et R. de Villargues, *loc. cit.*, n⁰ 6, est combattue par M. Dalloz comme trop générale. Elle tendrait, en

effet, à permettre à l'auteur d'une lettre énonçant la cause d'une obligation, à lui enlever tout caractère obligatoire en y insérant d'autres énonciations confidentielles. Si la cause même de l'obligation n'est pas soumise à la condition que les énonciations confidentielles seront tenues secrètes, il serait trop rigoureux de déclarer que l'exécution de l'obligation ne pourra pas être exigée. La lecture de la lettre pourra, du reste, toujours être restreinte à la partie justificative du contrat dont on réclame l'exécution. (N° 89.)

94. On ne saurait davantage étendre le principe du secret à une correspondance injurieuse pour la personne à qui elle est adressée. La personne injuriée doit pouvoir s'appuyer sur les lettres qui sont le délit lui-même, pour justifier la demande en réparation qu'elle voudrait soutenir. Le caractère confidentiel disparaît ici, car on ne fait pas d'injures par confidence, et la lettre est parfaitement bonne pour établir le droit à une réparation. (Merlin, *Rép.*, v° INJURES, § 4, n° 8.) Ainsi il a été jugé que les lettres écrites par un époux à son conjoint et contenant des expressions outrageantes pour lui, peuvent être considérées, sur sa demande, comme des injures graves de nature à motiver la séparation de corps. (Crim. cass. 9 nov. 1830. Dalloz, *loc. cit.*, n° 22, note 1.) Mais il a été jugé aussi que des lettres outrageantes écrites par une femme contre son mari et adressées à un procureur du roi peuvent être déclarées confidentielles et écartées du procès, nonobstant la demande du mari tendant à ce qu'elles soient produites. (Agen, 16 décembre 1829.)

95. En général, une personne ne peut se prévaloir

de la lettre confidentielle écrite à un tiers, pas plus que celui-ci ne peut l'invoquer contre celui de qui elle émane. Il a été jugé dans ce sens : 1° que les lettres confidentielles remises par abus de confiance à celui contre qui elles étaient écrites, ne peuvent être la base d'une action en dommages-intérêts (Riom, 5 mai 1815) ; 2° que le mandataire qui a excédé son mandat, ne peut exciper d'une lettre confidentielle écrite par le mandant à un tiers et approbative de sa gestion, pour échapper à la responsabilité qui le menace (Req. 4 avril 1821) ; 3° que des lettres écrites à un tiers sont réputées confidentielles et ne peuvent être employées en justice que du consentement de leur auteur (Besançon, 8 fév. 1844) ; 4° à bien plus forte raison, des lettres confidentielles écrites à des tiers ne pourraient-elles être invoquées par la personne qui prétend s'en prévaloir, lorsqu'elle se les est procurées par une voie déloyale. (Riom, 8 janv. 1849.)

96. Le caractère confidentiel devient particulièrement respectable lorsque les lettres sont échangées entre des personnes d'une même famille (n° 85). La justice ne doit pas admettre leur production dans une instance lorsque leur auteur n'y a pas donné son consentement exprès. Aussi, a-t-on fort bien jugé qu'une femme qui voudrait se prévaloir d'une lettre écrite par son mari à son beau-père pour demander la séparation de corps, n'est pas recevable à produire la preuve des injures dont elle se plaint. (Limoges, 17 juin 1824.)

97. Si des arrêts que nous avons cités il semble résulter que la jurisprudence maintient avec fermeté le principe du secret des lettres confidentielles, il en est d'autres qui l'ont méconnu. Ainsi, la cour de Riom, par

un arrêt du 8 janvier 1849 (n° 95, 4°) a décidé «... que, quoiqu'en thèse générale les lettres confidentielles soient la propriété de ceux qui les ont reçues — nous dirions plutôt de ceux qui en sont les auteurs, — cependant la production en justice civile peut en être ordonnée, alors que celui qui la demande allègue qu'elles contiennent la preuve d'une spoliation consommée à son préjudice par son auteur, et en faveur d'un cohéritier... surtout lorsque ces pièces ont déjà été produites dans une autre procédure ; que, quand des lettres ont été produites dans une première instance, des parties, bien que ces lettres ne leur aient pas été adressées à elles-mêmes, peuvent être admises à en demander la communication par la voie du compulsoire...» Un autre arrêt, de la cour de Dijon, 30 pluviôse an IV, a décidé que des expressions outrageantes contenues dans des lettres confidentielles écrites à des tiers peuvent, selon les circonstances, être considérées comme injures graves de nature à motiver la séparation de corps. Il est vrai que dans l'espèce le mari ne se prévalait pas du caractère confidentiel et que le grand nombre de lettres équivalait à une diffamation publique.

Un arrêt de la Cour de cassation du 3 juillet 1850 a décidé qu'une partie qui détient sans fraude des lettres, même confidentielles, adressées à un tiers, peut s'en prévaloir en justice dans le but d'y puiser le commencement de preuve écrite auquel est subordonnée (art. 341, C. N.) l'action en recherche de maternité naturelle, alors d'ailleurs qu'elles ont été écrites dans son seul intérêt. (N° 87.)

Enfin, un autre arrêt de la Cour suprême du 31 mai

1842 a encore admis que les lettres écrites par la femme à un tiers et contenant l'aveu de son adultère, peuvent être invoquées en justice par le mari, auquel ce tiers les a remises volontairement, à l'effet de prouver l'adultère de sa femme et de faire admettre son action en désaveu de l'enfant dont elle est accouchée, sans que le caractère confidentiel de ces lettres doive les faire rejeter du débat, alors surtout qu'elles ont été adressées à un membre de la famille. (Dalloz, *loc. cit.*, n° 30, note 1.)

En présence de cette jurisprudence qui tantôt reconnaît que les lettres confidentielles écrites à des tiers ne peuvent pas être invoquées en justice par ceux qui en connaissent l'existence et qui veulent s'en prévaloir, tantôt que, suivant les circonstances de la cause, lecture et production peuvent en être ordonnées, on ne saurait dire que le principe soit parfaitement posé et accepté. Il conviendrait cependant de sauvegarder d'une manière absolue des conséquences d'une divulgation déloyale, les personnes qui ont donné à leur correspondance un caractère confidentiel, et d'écarter des débats judiciaires des pièces de cette nature, quand elles ne rentrent pas dans un des cas que nous avons vus aux n°s 87 et 88.

98. Les lettres missives des particuliers ne peuvent être produites en justice que revêtues de timbre. L'article 43, n° 14, de la loi du 28 avril 1816 tarifie à un droit fixe de deux francs, « les lettres missives qui ne contiennent ni obligation, ni quittance, ni aucune autre convention donnant lieu au droit proportionnel. » — Une lettre missive écrite par un fonctionnaire public

dans l'exercice de ses fonctions, ne doit pas être considérée, quant à la foi qui lui est due, comme un simple acte sous seing privé. Les écrits de cette nature ont une date certaine, font foi de leur contenu, et peuvent être produits en justice, encore qu'ils n'aient pas été soumis à la formalité de l'enregistrement, exigée pour toutes les autres lettres.

99  Tout ce que nous avons dit de la propriété des lettres missives s'applique naturellement aux télégrammes, dont on a assuré l'inviolabilité par la prestation de serment des agents télégraphiques. Sans doute, à raison du laconisme et de l'obscurité habituelle de la rédaction, le cas de soustraction d'un télégramme et de divulgation des secrets qu'il renferme se présentera plus rarement que pour les lettres; mais il importe néanmoins de reconnaître que le télégramme peut constituer une propriété pour le destinataire, être un simple dépôt confié à sa loyauté ou former un titre commun à celui qui l'a envoyé et à celui qui l'a reçu. Comme une lettre missive, il peut être invoqué en justice, ou être écarté d'une instance sur la demande de l'expéditeur, à raison de son caractère confidentiel.

## CHAPITRE III.

### Des contrats formés par correspondance.[1]

100. Suivant la définition de MM. Delamarre et Lepoitevin, *Traité de droit commercial*, I, n° 102, « une lettre n'est rien autre chose qu'une série de paroles sur

---

1. Serafini, *op. cit.*, §§ 17-24. — Mittermaier, *op. cit.*, p. 9-21. — Würth, *loc. cit.*, p. 1416-1417. — Dalloz, *v° cit.*, n°ˢ 11 ss.

le papier et adressée à un absent dans le but de porter
à sa connaissance des expressions que l'on prononcerait
devant lui s'il était présent, et de lui faire comprendre
par l'organe de la vue ce que son éloignement ne permet pas de lui faire comprendre par le sens de l'ouïe. »
Une lettre missive peut donc contenir, de la part de
celui qui l'écrit, la manifestation de son consentement,
et par cela même, donner naissance à une obligation.
Elle est le procureur muet, le *nuntius,* qui porte le
consentement; elle n'est pas la convention elle-même,
mais le moyen employé pour la former. Elle ne contracte pas, mais fait connaître la conclusion du contrat,
ainsi que le disait Cujas : « *Epistola non contrahit, sed
nuntiat dominum contrahere.* »

Du moment qu'une lettre peut manifester le consentement de son auteur, il est évident que la réunion de
deux lettres missives constitue le *duorum in idem
placitum consensus,* nécessaire pour former la convention. Mais quelle est la valeur d'engagements contractés
par lettres et quel est le degré de preuve juridique qui
en résulte?

On entend communément parler de lettres de commerce lorsqu'on se préoccupe de la formation d'engagements conclus par correspondance, mais on paraît
oublier, en raison de la moins grande fréquence de
contrats formés de cette manière, que les mêmes faits
se produisent pour les affaires civiles.

101. Les principes du droit ont singulièrement varié
d'une législation à l'autre, relativement à la formation
des contrats synallagmatiques par lettres missives. Le
droit romain en admettait la validité et reconnaissait

même à la lettre une valeur égale à un acte public passé devant un officier public et faisant preuve de l'existence de l'obligation qui en résulte.

Aussi, un ancien jurisconsulte, Mornac, enseigne-t-il que celui qui écrit une lettre se lie par elle « *nec minus quam si conscriptum a tabellione instrumentum fuisset.* » (Dig. fr. 31, 3. 5; fr. 62, 17. 1; fr. 34, 13. 7; — Cod. c. 7, 4. 35; c. 15, 4. 21; Toullier, VI, 28.)

Cette doctrine ne fut pas adoptée par le Parlement de Paris, car préoccupé avant tout de la nécessité d'établir une preuve de la convention intervenue entre les parties, il ne pouvait admettre qu'une obligation vînt à naître, quand aucune des parties n'était en mesure d'établir le consentement qui s'était formé. Aussi, la jurisprudence du Parlement établit-elle que les conventions synallagmatiques n'étaient valables que pour autant qu'elles seraient prouvées par un écrit contenant dans un seul contexte toutes les conventions des contractants et rédigées en autant de doubles que de parties intéressées. (Bourdon, *Droit commercial*, I, p. 471, n⁰ˢ 3 et 4.)

Cette formalité du double écrit qui empêchait les parties de se soustraire à l'exécution d'une convention dûment constatée, ce qu'elles pouvaient faire antérieurement en refusant de représenter les lettres qui s'étaient échangées entre elles, était exigée à peine de nullité de la convention synallagmatique, nullité si radicale qu'elle ne pouvait même être couverte par l'exécution de l'acte non fait double. (Marcadé, sur l'art. 1325, n⁰ 1.) Ainsi, sous l'empire de cette jurisprudence, la convention conclue par simples lettres était réputée non existante, de telle sorte que son exécution n'empêchait pas les parties de revenir sur ce qui était fait et de se soustraire à leurs engagements.

102. Cette conséquence extrême était désavouée autant par la raison que par la bonne foi ; aussi le Code Napoléon s'est-il tenu à égale distance de la doctrine de Mornac qui laissait au bon plaisir des contractants de détruire la preuve de la convention qu'ils avaient formée, et de celle du Parlement qui méconnaissait, dans l'intérêt unique de la preuve, toute la valeur d'un consentement réellement existant, et favorisait ainsi les surprises de la mauvaise foi. En vertu de l'article 1325 du Code Napoléon « les actes sous seing privé qui contiennent des conventions synallagmatiques ne sont valables qu'autant qu'ils ont été faits en autant d'originaux qu'il y a de parties ayant un intérêt distinct, et que chaque original contient la mention du nombre d'originaux qui en ont été faits. » Au premier abord, il semblerait que la preuve d'une convention synallagmatique ne pourrait être faite que par l'acte rédigé conformément aux prescriptions de l'article 1325 et qu'elle ne pourrait résulter de la production des lettres qui la constatent. Mais les auteurs et la jurisprudence ont repoussé l'application rigoureuse de cet article, en se fondant sur ce qu'il ne parle que *des actes qui contiennent des conventions synallagmatiques*, ce qui n'est pas applicable à une convention formée par correspondance. (Req. 16 mai 1859. Merlin, vᵒ DOUBLE ÉCRIT, nᵒ 8 ; Toullier, VIII, 318. 322 ; IX, 84. 85. Marcadé, sur l'art. 1347, nᵒ 5.) MM. Aubry et Rau (VI, § 756, note 13) donnent de l'article 1325 l'explication suivante : « Lorsqu'un

acte contenant une convention synallagmatique n'a été rédigé qu'en un seul original, la partie contre laquelle l'exécution de la convention est poursuivie, peut, sans dénier la signature apposée à l'acte qu'on lui oppose, soutenir, avec quelque apparence de raison, que la convention est demeurée à l'état de simple projet et que, si elle avait entendu s'engager définitivement, elle n'aurait pas manqué d'exiger un second original, afin de se trouver en mesure d'administrer la preuve de la convention. C'est en admettant que les choses ont pu se passer ainsi, que le législateur a cru devoir refuser à l'acte rédigé en un seul original la vertu de prouver d'une manière complète la conclusion définitive d'une convention synallagmatique. »

103. Mais si la preuve n'est pas complète, du moins, cet acte non fait double ne peut-il pas être considéré comme un commencement de preuve par écrit, de nature à rendre admissible la preuve testimoniale même au-dessus de 150 fr.? L'article 1347 du Code Napoléon indique de la manière suivante ce qu'il faut entendre par un commencement de preuve par écrit : « On appelle ainsi tout acte par écrit qui est émané de celui contre lequel la demande est formée ou de celui qu'il représente, et qui rend vraisemblable le fait allégué. » Ces conditions sont évidemment réalisées par une lettre missive portant la signature de celui auquel on l'oppose; le juge, dès lors, peut en vertu du pouvoir qui lui est donné par l'article 1353, apprécier si un pareil acte rend vraisemblable le fait allégué de la conclusion d'une convention définitive, et condamner l'auteur de la lettre à l'exécution de la convention à laquelle il se refuse en

s'autorisant des termes de l'article 1325. (Aubry et Rau, *loc. cit.*, note 34.)

La convention pourrait encore résulter des aveux faits en justice par la partie qui refuse de l'exécuter.

Le vice résultant de ce que l'acte n'a pas été fait double est couvert par l'exécution, par les deux parties, de la convention qu'il constate. — On considère comme équivalant à l'exécution de la convention le dépôt d'un pareil acte entre les mains d'un notaire ou même d'une personne privée chargée de le conserver ou d'en faire usage dans l'intérêt commun des parties. Si ce dépôt a été effectué par les deux parties, d'un commun accord, le vice de l'acte se trouve purgé à l'égard de toutes les deux. Ce dépôt exclut en effet l'idée d'un simple projet de convention.

104. En présence de l'article 1325 il pouvait paraître douteux qu'une lettre missive fût suffisante pour engager les contractants, mais les doutes qui ont pu s'élever à cet égard en ce qui touche les contrats civils, ne pouvaient naître en matière commerciale. Le Code de commerce contient en effet des dispositions qui consacrent formellement la valeur des lettres missives comme mode de formation des engagements commerciaux. Le législateur a obéi ainsi à une nécessité des opérations commerciales qui ne pouvaient s'accommoder de formalités lentes et minutieuses et qui trouvaient dans les lettres missives un moyen aussi prompt qu'économique de constater les transactions intervenues. Aussi ces lettres d'affaires sont-elles entrées dans les habitudes journalières de tout commerçant et il n'est, pour ainsi dire, pas de convention verbale, si minime qu'elle soit, qui

ne se reproduise sous forme de lettre, afin que les termes du marché qui a été conclu soient définitivement fixés entre les parties. Mais ces lettres de commerce s'éloignent entièrement, par leur rédaction, des lettres missives telles que nous les avons envisagées plus haut. Des formules en quelque sorte sacramentelles, un style sans ornements; des offres seulement et des demandes; c'est quelque chose comme un acte notarié, ne renfermant que ce qu'il faut pour assurer l'expression nette de la volonté. Ce n'est plus une conversation entre absents, mais un contrat entre absents dont l'étendue est toujours rigoureusement délimitée par les deux parties qui s'engagent.

Les conditions toutes particulières de ces correspondances, que les traditions commerciales de tous les pays ont consacrées, ont naturellement dû faire écarter, non-seulement la formalité du double écrit de l'article 1325, mais encore simplifier la preuve des contrats conclus par lettres de commerce, peu importe qu'ils soient ou non intervenus entre commerçants, pourvu qu'ils constituent des actes de commerce. En effet, l'article 109 du Code de commerce s'applique à toutes les conventions commerciales constituant des actes de commerce et non pas seulement aux achats et ventes.

La qualité de commerçant donne ainsi des facilités pour les conventions qui n'existent pas en matière civile, mais elle impose aussi des devoirs qui lui sont particuliers. L'article 8 du Code de commerce oblige le commerçant à mettre en liasse les lettres missives qu'il reçoit et à copier sur un registre celles qu'il envoie; la sanction de cette obligation se trouve au n° 6 de l'article 586, qui signale comme un des six cas dans lesquels le commerçant failli peut être déclaré en banqueroute simple, celui d'une irrégularité ou d'une lacune dans la tenue d'un de ses livres obligatoires, entre autres de son livre de copie de lettres. En vertu encore de l'article 591, si ces irrégularités étaient la suite d'une intention coupable, il serait passible des peines de la banqueroute frauduleuse. — Il faut ici assimiler en tout les télégrammes aux lettres missives, et décider que les dépêches reçues doivent figurer dans la liasse des lettres que le commerçant est tenu de conserver; celles qui sont envoyées doivent être copiées dans le livre de copie de lettres.

Les lettres de commerce sont donc placées sous un régime à part, autant dans l'intérêt du commerçant lui-même que dans celui des tiers avec lesquels il contracte. La présomption générale que les lettres d'un commerçant ont trait à son commerce et revêtent dès lors avant tout un caractère conventionnel, a fait fléchir dans une certaine mesure le principe de l'inviolabilité du secret des lettres en cas de faillite, et a fait attribuer au syndic chargé de gérer les intérêts des créanciers, le droit de prendre connaissance de la correspondance du commerçant qui a cessé ses payements. (Nos 46, 58.)

105. Les règles concernant la preuve des conventions commerciales par correspondance sont différentes, suivant que le contrat est intervenu entre deux commerçants ou entre un commerçant et un particulier. L'article 12 du Code de commerce dispose : « Les livres de commerce régulièrement tenus peuvent être admis par le juge pour faire preuve entre commerçants pour

faits de commerce. » Mais les tribunaux de commerce ne sont pas obligatoirement tenus d'admettre cette preuve, alors même que les livres seraient réguliers en la forme (Rej. 13 août 1833), et à l'inverse, ils peuvent, alors même que les livres n'ont été ni cotés ni paraphés (art. 11 C. c.), en autoriser la production par la partie qui veut s'en prévaloir, et reconnaître que la preuve qui en résulte est complète, lorsque les énonciations qui s'y trouvent concordent avec d'autres pièces fournies au procès. « La concordance des énonciations est une de ces présomptions abandonnées par la loi aux lumières et à la prudence des magistrats. » (Rej. 23 avril 1860.) Or, en matière commerciale, les présomptions comme la preuve testimoniale sont toujours admissibles.

Si les registres de deux commerçants sont d'accord, la preuve est complète, à moins qu'on n'arrive à établir qu'il y a eu falsification. S'ils sont régulièrement tenus et non conformes, il faut recourir à d'autres preuves.

Si un seul des registres est régulièrement tenu, le juge est libre d'y ajouter foi ou d'exiger en outre une preuve par témoins ou une prestation de serment.

Si la partie aux livres de laquelle on offre d'ajouter foi, refuse de les représenter, le juge peut déférer le serment à l'autre partie. (Art. 17 C. c.)

L'obligation imposée aux commerçants de tenir des livres réguliers, existe vis-à-vis des particuliers tout aussi bien que vis-à-vis des autres marchands. Aussi leurs livres font-ils preuve *contre eux*, aux termes de l'article 1330 du Code Napoléon; mais cette preuve n'est bonne que pour les faits de commerce, car les énonciations purement civiles pourraient tout au plus être considérées comme un commencement de preuve par écrit.

Mais les livres des commerçants peuvent-ils faire preuve *en faveur* des commerçants contre les particuliers? La négative résulte du principe que nul ne peut se créer un titre à soi-même. Si les livres d'un marchand font foi pour lui contre un autre marchand, c'est que celui-ci peut contrôler par ses livres ceux qu'on lui oppose; or, ce moyen de contrôle manque aux personnes non marchandes, puisqu'elles ne sont pas tenues d'avoir des livres et que ceux qu'elles tiennent volontairement n'ont aucune force probante à leur profit. (Art. 1331 C. N.) Cependant l'article 1339 du Code Napoléon admet une exception à cette règle pour le cas de serment. Il s'agit ici non du serment *décisoire*, qui peut être, *dans toute affaire*, déféré par une des parties à l'autre, pour en faire dépendre le jugement de la cause (art. 1357, 1°, C. N.), mais du serment *supplétoire*, c'est-à-dire de celui qui peut être déféré d'office par le juge à l'une ou à l'autre partie, lorsque la demande n'est pas parfaitement justifiée et qu'elle n'est pas dénuée de toute preuve (art. 1357, 2°; 1366 C. N.), ce qui est précisément l'hypothèse dans laquelle nous nous trouvons. — Les livres d'un marchand invoqués contre un non-marchand ne font donc pas preuve du fait qui y est énoncé, mais ils servent de commencement de preuve et autorisent le juge à compléter sa conviction en déférant le serment à l'une ou à l'autre des parties. (Art. 1367 C. N.) Mais ce commencement de preuve par écrit n'autoriserait pas l'admission de la preuve testimoniale, qui n'est recevable que lorsque c'est le demandeur (dans notre hypothèse, le commerçant) qui s'appuie sur un acte *émané du défendeur* (le non-commerçant); or, ici le commencement de preuve par écrit émane du demandeur. (Bonnier, II, n^os 773-780. Aubry et Rau, VI, §§ 757, 758.)

## SECTION PREMIÈRE.

### Du moment auquel le contrat par correspondance est formé.

106. Nous avons montré que les lettres missives, et les télégrammes par conséquent, sont des moyens fort bons pour conclure des conventions; mais à quel moment se forment-elles, à quel moment l'échange des consentements est-il à considérer comme parfait? La même question se présente pour les deux modes de correspondance, et nous allons en faire ressortir l'importance à l'aide d'un exemple donné par M. Serafini.

Paul, de Gênes, offre à Pierre, de Paris, par l'intermédiaire du télégraphe, la vente en gros d'une grande quantité de marchandises. La dépêche, déposée au bureau télégraphique de Gênes à 10 heures du matin, arrive à Paris vers midi. Pierre, par télégramme expédié à 6 heures du soir, accepte et demande la prompte expédition des marchandises; mais la dépêche ne parvient malheureusement à sa destination que dans la matinée du jour suivant. Par un télégramme expédié à 7 heures dans la soirée précédente, Paul avait notifié à Pierre la vente à un tiers des marchandises offertes, et il retirait son offre. Mais Pierre avait déjà loué à Paris un vaste magasin pour recevoir les marchandises ache-

tées et fait aussi quelques dépenses pour le même objet;
il avait enfin revendu une bonne partie de ces marchandises à un tiers, et qui pis est, il avait refusé une proposition avantageuse de marchandises de même nature,
qui lui avait été faite peu après l'acceptation de l'offre
de Paul. Enfin, dans l'intervalle, le prix de ces marchandises avait subi une hausse considérable.

Suivant que l'on déplace le moment où l'acceptation
est devenue parfaite, où, par conséquent, le contrat a
été lié, on décidera que la révocation des offres de
Paul n'est pas intervenue en temps utile, ou que la
disposition que Pierre a faite des marchandises qu'on
lui proposait était prématurée, parce que Paul n'était
pas encore lié par ses offres.

Si des difficultés semblables peuvent naître par suite
de l'emploi du télégraphe, à bien plus forte raison
doivent-elles se présenter lorsque l'on contracte par
lettres missives. La question vaut donc la peine d'être
sérieusement examinée, et nous allons étudier les deux
principaux systèmes entre lesquels s'agite la controverse.

107. M. Würth présente une analyse très-remarquable
des différents éléments qui peuvent aider à la solution
de cette question, et nous ne saurions mieux faire que
d'en reproduire ici la discussion, d'autant plus que nous
nous écarterons de ses conclusions.

... «On peut déduire la solution de cette question de
l'essence même du consentement, examiner en quoi
consiste le consentement, ce qui le rend obligatoire.
Or, le Code civil ne dit pas à quelles conditions le
consentement est parfait. C'est donc à la science qu'il
appartient de déterminer ces conditions; c'est à la mé-

taphysique du droit qu'il appartient de résoudre la question.

« Kant (*Éléments métaphysiques de la doctrine du droit*, § 18) a, selon nous, parfaitement défini les droits personnels en disant qu'un droit personnel consiste « dans la possession de l'arbitre d'une autre personne, « comme faculté de la déterminer, par mon propre ar- « bitre, à une certaine action compatible avec les lois de « la liberté. » C'est bien, en effet, cette prise de posses- sion de la volonté d'une autre personne qui constitue l'acquisition d'un droit personnel.

«Pierre veut me prêter de l'argent à tel intérêt; il annonce cette volonté à d'autres que moi; il y persé- vère; il n'est pas lié envers moi, sa volonté reste entiè- rement libre.

«De mon côté, au même moment, je veux emprun- ter de Pierre la même somme, au même intérêt; j'an- nonce cette volonté à d'autres qu'à Pierre; je ne suis pas lié envers lui; ma volonté reste libre. Il n'y a donc pas contrat, quoique nos deux volontés aient coexisté et se soient manifestées sur un seul et même objet de droit. Pourquoi? parce que le droit personnel ne se constitue que par cette prise de possession du libre arbitre d'un tiers.

«Pour qu'il y ait contrat, il ne suffit donc pas que deux consentements aient coexisté sur un seul et même point; il faut encore que les deux consentements se soient mutuellement connus, car cette connaissance de volontés est un élément indispensable du *duorum in idem placitum consensus.* C'est par elle que s'opère la prise de possession réciproque du libre arbitre de chacun des deux contractants et que se forme le *nexus.*

« Ni la volonté particulière du promettant, ni celle de l'acceptant ne suffisent donc pour former une convention; il faut de plus la réunion des deux volontés, et, par conséquent, dit Kant, leur déclaration simultanée. «Or, continue-t-il, cette simultanéité est impos-«sible dans les *actes* de la déclaration, lesquels se *suc-*«*cèdent nécessairement dans le temps* et ne sont jamais «simultanés. En effet, si j'ai promis et que l'autre «veuille maintenant accepter, je puis, dans l'intervalle, «si court qu'il soit, m'être repenti de ma promesse, «puisque je suis encore libre avant l'acceptation; par «la même raison l'acceptant ne doit pas, de son côté, «se tenir obligé par la déclaration qui a suivi la pro-«messe. Les formalités extérieures (*solemnia*), comme «de se toucher réciproquement la main, ou de briser «ensemble une paille (*stipula*), et toutes les confirma-«tions faites de part et d'autre de la déclaration anté-«rieure, prouvent au contraire l'embarras des contrac-«tants sur la manière de représenter, comme *existant* «*simultanément dans le même moment,* des déclarations «qui sont *toujours nécessairement successives.* »

« Ces considérations, si justes et si profondes, nous semblent résoudre mieux que tous les textes du droit ancien et moderne la question de savoir à quel moment se forme la convention par lettre missive. S'il est vrai, en effet, que la réunion des volontés extérieurement manifestées est un concept purement abstrait, mais que, dans la réalité, les déclarations sont nécessairement successives, la question n'en est plus une; car alors la différence entre le contrat par lettres missives et le contrat verbalement contracté consistera uniquement en ceci, que l'intervalle de temps qui sépare nécessairement les deux déclarations du promettant et de l'acceptant sera plus long lorsque la convention se formera par lettres. Or, cet intervalle, plus ou moins long, ne change rien aux termes du problème. Celui-ci reste le même, que ce soit une seconde ou quelques minutes qui séparent les deux déclarations successives. Pour le contrat par lettres, comme pour le contrat verbal, il faut donc que les deux volontés se soient mutuellement déclarées, qu'elles se connaissent : jusqu'alors elles restent libres. *Ce n'est donc pas au moment où l'acceptation par lettres est écrite et envoyée; mais seulement quand la lettre contenant acceptation est parvenue au promettant, que la convention est formée par la prise de possession réciproque du libre arbitre de chacune des parties et que celles-ci sont engagées l'une envers l'autre par un lien de droit.*»

Le système auquel M. Würth est arrivé par l'analyse philosophique des divers éléments constitutifs du consentement est enseigné par un très-grand nombre d'auteurs. (Merlin, *Rép.*, vᵒ VENTE, § 1, art. 3, XI; Troplong, *Vente*, nᵒ 22, *Louage*, nᵒ 105, note 5; Pardessus, I, 250; Toullier, VI, 29; Massé, II, 94, IV, 24; Bekker, *Annuaire du droit commercial allemand*, II, p. 342. Voyez aussi l'art. 204 du nouveau Code de commerce de Buenos-Ayres, cité par Mittermaier fils, *Revue de droit commercial* de Goldschmidt, VI, p. 127.)

108. Mais la liste est presque aussi longue de ceux qui ne croient pas nécessaire que le consentement de

l'acceptant soit notifié au proposant pour qu'on puisse dire que le contrat est formé. Selon ces auteurs, la révocation de l'offre n'a d'effet que quand elle arrive au destinataire avant l'acceptation. Cpr. Pothier, *Vente*, n° 32; Aubry et Rau, III, § 343, note 3; Duranton, XIV, 45; Duvergier, *Vente*, I, 58 ss.; Marcadé, sur l'art. 1108; Puchta, *Pandekten*, § 251, note C.; Savigny, *System des heutigen römischen Rechts*, VIII, § 371, et enfin Serafini, *loc. cit.*, § 20, qui a fait une étude très-développée des controverses qui se sont élevées à ce sujet et qui s'est rattaché avec quelques restrictions à la théorie que nous allons développer.

Les objections qu'on peut faire au premier système sont les suivantes :

1° Il ne peut pas s'appliquer aux contrats réels tels que le prêt, le dépôt, le gage. Ainsi je prête un livre à un ami : il est engagé quoiqu'il n'y ait pas acceptation. Je livre un objet en garantie d'une créance : il y a contrat sans qu'il y ait acceptation.

2° Il ne s'applique pas davantage à tous les contrats consensuels, tels, par exemple, que le mandat et le contrat de commission. L'habitude générale dans le commerce est de laisser subsister le contrat, quoique le mandant ou le commettant n'ait pas reçu avis de l'acceptation. Le contrat devient parfait au moment de l'acceptation, lors même que celle-ci serait ignorée du commettant; et, en fait, la commission deviendrait, dans la plupart des cas, illusoire, s'il fallait, avant de l'exécuter, attendre chaque fois que l'accord des deux volontés fût positivement constaté. En matière commerciale, on présume facilement que le défaut d'improbation d'une lettre reçue équivaut à une acceptation. Ainsi le silence gardé par un commissionnaire qui a reçu les lettres de voiture par lesquelles les objets à transporter lui sont annoncés fait présumer qu'il a l'intention d'accepter le mandat qui lui a été confié. Il ne pourrait pas, en cas de perte, invoquer son silence pour démontrer qu'il n'a pas entendu se charger du mandat du commettant pour décliner la responsabilité qu'entraînerait cette perte. (Delamarre et Lepoitevin, II, 57.)

La concession du premier système au second, en ce qui touche les contrats réels et deux des contrats consensuels, doit-elle s'arrêter là? M. Serafini pense que ses adversaires ne sont pas dans le vrai lorsqu'ils disent que le consentement n'existe pas réellement tant qu'il n'est pas connu des deux parties, tant que le proposant ignore le fait de l'acceptation de l'autre partie. «En effet, dit-il, quand le destinataire accepte mes propositions, le consentement existe déjà *dans ma volonté*, dans ma *conscience*, ou plutôt il existait dans l'acte même de la proposition. L'acceptation ne fait donc que rendre *actuel* et *réel* ce fait que ma conscience me donnait comme une chose future, désirée. On ne peut donc pas dire que je sois ballotté à mon insu dans un rapport juridique que j'avais moi-même *divisé*, *voulu* et considéré comme dépendant de la condition de l'acceptation; de sorte que, par la manière dont ce rapport se crée, la réalisation de ma proposition et de mon désir arrive sans que j'en aie eu une connaissance simultanée. L'acceptation confiée à la poste ou au bureau télégraphique ne cesse pas d'être un fait certain, lors même que l'une des parties l'ignore, ou, comme il est dit dans les Institutes, § 6, *De verb. oblig.*, III, 15, «*quæ per rerum natura sunt certa, non morantur obligationem, licet apud nos incerta sint.*»

On pourrait opposer à ce système que l'offre pouvant être révoquée jusqu'à ce qu'elle soit connue et acceptée, il faut accorder la même facilité de révocation à l'acceptant, jusqu'à ce que son acceptation soit connue et acceptée par l'auteur de l'offre. Mais alors, pour être logique, il faudrait prétendre aussi que la promesse contenue dans l'acceptation, non-seulement doit être connue du faiseur d'offres, mais aussi acceptée par lui, et qu'à son tour cette acceptation doit arriver à la connaissance du destinataire. Où s'arrêtera alors la nécessité pour chacune des parties de connaitre la pensée actuelle de l'autre? On ne pourra jamais dire que les deux volontés sont réunies, si bien que faire un contrat par correspondance deviendrait d'une impossibilité absolue. — La conclusion de ce second système est donc que le contrat qui se fait par lettre ou télégramme devient parfait dès le moment de l'acceptation expresse ou tacite qui rend le consentement réciproque un fait accompli.

109. Mais quels sont les cas dans lesquels une acceptation expresse est indispensable et quand une acceptation tacite suffit-elle?

L'acceptation tacite résulte de l'accomplissement de l'acte dans lequel réside la manifestation tacite du consentement. Elle est suffisante chaque fois qu'il s'agit de la simple acceptation d'une promesse; car, dans ces contrats, l'offrant attendra une déclaration expresse en cas de refus seulement; il se croira engagé s'il ne reçoit pas une réponse négative. L'article 566 du projet de Code civil pour l'État de New-York dispose à cet égard : « L'accomplissement des conditions posées dans une offre équivaut à acceptation. »

Quand l'acceptation emporte une répromission de la part de celui qui a reçu les offres, l'acceptation résultera d'un acte par lequel celui-ci accomplit ou se prépare à accomplir ce qu'on lui demande, et cet acte suffira pour rendre le consentement parfait.

Au cas où l'acceptation expresse est nécessaire, faut-il que la lettre ou le télégramme soit arrivé entre les mains du destinataire, ou suffit-il que la dépêche d'acceptation soit consignée au bureau télégraphique ou la lettre mise à la poste? Oui, il suffit que l'acceptant ait fait tout ce qui dépendait de lui pour communiquer sa déclaration au proposant, mais il n'est pas nécessaire que celui-ci l'ait déjà reçue. Le contrat a été lié irrévocablement par le dépôt de l'acceptation à la poste ou au télégraphe, et si l'on ne voulait pas admettre que dès cet instant les volontés sont engagées, il faudrait subordonner, comme nous l'avons dit, les effets de l'acceptation à une nouvelle acceptation de l'acceptation de la part du proposant.

Cette manière de voir est, au reste, consacrée par le nouveau Code américain déjà cité. Il dispose dans son article 563 : « Le consentement ne peut être considéré comme valablement formé que lorsqu'il est intervenu un fait de commission ou d'omission par lequel la partie contractante a l'intention de faire part de son consentement à l'autre partie, ou duquel il résulte nécessairement l'intention d'en faire part. » Puis, l'article 565 porte : « Le consentement est censé donné par une partie à l'autre et le contrat considéré comme conclu du moment que la partie qui accepte l'offre *a commencé à faire part* à l'offrant de son acceptation. » (*Voy.* Mittermaier, *op. cit.*, p. 15.)

110. Il est des cas où l'acceptation de la proposition n'intervient plus utilement, parce que les offres ont perdu leur existence juridique. Ces cas sont : 1° l'expiration du délai fixé pour la conclusion du contrat; 2° la révocation des offres par le promettant; 3° sa mort; 4° son incapacité.

A. *De l'expiration du délai.* A défaut de délai déterminé par le faiseur d'offres, passé lequel, en l'absence d'acceptation expresse ou tacite, il est censé retirer sa proposition, le juge devra apprécier suivant les circonstances la valeur d'une acceptation tardive au point de vue de la formation du contrat. Dans le cas où le faiseur d'offres aurait eu connaissance de cette acceptation tardive, son silence devrait être interprété comme un acquiescement à l'exécution de la convention, car il serait considéré comme ayant persisté dans sa proposition pendant tout le temps qui s'est écoulé entre les offres et l'acceptation.

L'article 239, § 2, du projet de Code commercial prussien pose la règle suivante, applicable aux contrats entre absents formés par lettre missive, mais non à ceux qui se concluent par télégraphe : « Le proposant reste lié jusqu'au moment où, en procédant régulièrement, la réponse devrait lui être parvenue. Quand elle arrive *plus tard*, le contrat n'est pas créé si le proposant a déclaré pour ce motif révoquer sa proposition, ou notifié la révocation aussitôt après avoir reçu l'acceptation. » Dans quelle mesure cette règle — qui, dans sa rédaction actuelle, nous paraît trop vague pour pouvoir passer dans la loi — pourrait-elle être appliquée aux télégrammes? La question présente surtout de l'intérêt dans le cas suivant. Pierre offre à Paul de lui vendre des marchandises, et, pour indiquer qu'il exige une réponse immédiate, il paye d'avance la dépêche de retour. Paul reçoit le télégramme portant ces mots : « réponse payée », et est ainsi mis en mesure de faire connaître son acquiescement à l'offre. Mais dans quel délai devra-t-il répondre? M. Mittermaier pense que la réponse devra être immédiate, si toutefois nous comprenons bien son expression : « *mit dem nächsten Telegraphen* », ou du moins expédiée dans un délai fort court, passé lequel l'offrant serait délié de ses offres. De toute manière, il faudrait tenir compte dans la computation du délai de la non-existence d'un service téléphique de nuit. M. Serafini estime que l'on pourrait établir comme règle générale que l'acceptation doit se faire dans les vingt-quatre heures qui suivent la réception de la dépêche contenant les offres. Ce délai étant celui qui est accordé aux contractants qui demeurent dans le même lieu, il conviendrait de l'appliquer à ceux qui se servent du télégraphe ; car, malgré la possibilité de s'en servir à toute heure du jour, — et de la nuit dans les stations principales, — malgré la célérité des transmissions, il peut se produire des retards forcés résultant soit de l'encombrement de dépêches, soit de l'interruption momentanée des communications. Au reste, nulle loi ne pouvant prévoir tous les cas fortuits, il appartiendrait toujours au juge de trancher les difficultés.[1]

**111. B.** *De la révocation des offres.* — Tant que les offres ne sont pas acceptées, elles peuvent être rétractées ; mais le proposant est lié par elles du moment que l'acceptation a lieu, pourvu que ce soit en temps opportun. Nous avons appliqué à l'acceptant la règle que dès que son acceptation est manifestée, les consentements sont parfaits, bien que le faiseur d'offres n'ait pas encore connaissance de l'acceptation. Faudra-t-il dire également que la simple manifestation de révocation des offres dégage le promettant, quand même le desti-

---

1. La fixation de ce délai ne pourrait être faite qu'en tenant compte des règles suivant lesquelles les transmissions doivent être opérées. Abstraction faite des dépêches diplomatiques et de service qui passent avant toutes les autres, les dépêches sont expédiées dans l'ordre de leur présentation au bureau ou de leur arrivée aux stations intermédiaires, et si la voie est libre, elles doivent être transmises aussitôt que présentées. Mais il semblerait, d'après le fait suivant qui nous est arrivé personnellement, que la règle n'est pas la même pour les transmissions de nuit. Le colloque suivant s'établit dans un bureau télégraphique à 11 heures du soir : « On transmet des dépêches à S... toute la nuit ? — C'est selon leur importance. — Qui est juge de cette importance ? — L'employé expéditeur. — C'est vous qui allez expédier cette dépêche ? — Oui, Monsieur. — Veuillez me dire alors si elle vous paraît assez importante pour être transmise de nuit ? — Non, elle ne me paraît pas telle. — Eh bien, vous vous trompez ; elle est de la plus haute importance. Qui vous attribue ce droit d'appréciation qui, comme vous voyez, peut vous faire fort mal juger ? — Les règlements. » — En effet, les règlements, par respect pour le sommeil des habitants, autorisent les employés à n'expédier que les dépêches très-urgentes. Mais ce droit d'appréciation nous semble d'autant plus étrange que ce n'est que pour des causes graves qu'on télégraphie de nuit et que, de plus, les dépêches sont le plus souvent rédigées d'une manière fort inintelligible pour d'autres que le destinataire.

nataire ignorerait encore cette révocation, et qu'à partir du moment où elle est mise à la poste ou au bureau
télégraphique le destinataire est déchu du droit d'accepter efficacement? Supposons le cas suivant : Pierre,
à Paris, offre à Paul, à Strasbourg, de lui vendre des
marchandises. Le télégramme arrive à Strasbourg à
midi; à 1 heure, Paul accepte par une dépêche qui
parvient à Pierre à 3 heures; mais Pierre avait rétracté
ses offres par un télégramme expédié à 2 heures, mais
qui, par suite de retards, n'est remis à Paul que plusieurs heures après. Paul considérant le contrat comme
formé par son acceptation, et ayant trouvé immédiatement acquéreur pour les marchandises qu'il avait ache-
tées à Pierre, les avait revendues. Laquelle des deux
vaudra, l'acceptation, ou la rétractation des offres faite
avant l'arrivée de l'acceptation entre les mains de l'offrant, mais après l'expédition du télégramme qui contenait cette acceptation? Dans le système que nous sui-
vons, il faudra décider que la vente faite par Pierre à
Paul était parfaite du moment que ce dernier déclarait
y consentir, et que le retrait des offres n'aurait pu être
efficace que s'il avait été notifié à Paul avant 1 heure,
c'est-à-dire avant qu'il eût accepté. En effet, le destinataire saisi des offres les considère comme renfermant
la volonté actuelle du promettant; il la féconde en y
joignant la sienne, et le contrat est formé. Que le promettant varie dans sa volonté, c'est là un changement
qui en fait et en droit n'existe pas pour le destinataire
et qui ne saurait vicier l'acceptation faite avant la notification de la révocation. La loi romaine décidait, en ce
sens, que le changement de volonté du mandant, noti-

fié au mandataire après l'accomplissement du mandat,
ne le libérait pas de l'obligation de rendre le mandataire indemne. [D. fr. 12, § 16; fr. 5 (17, 1).]

Il est évident que notre solution est logique; mais,
dans l'exemple que nous avons pris, elle n'est pas tout
à fait satisfaisante, car elle tend à annuler le droit de
l'offrant de rétracter ses offres. Si le destinataire s'empresse d'accepter, il ferme, en effet, à l'offrant la faculté de renoncer à lier un contrat que des circonstances de peu postérieures à son offre peuvent lui montrer
comme préjudiciable. Aussi, nous demandons-nous s'il
ne conviendrait pas de faire, pour la rétractation des
offres, ce que MM. Serafini et Mittermaier conseillent
pour l'acceptation (n° 110, A), c'est-à-dire fixer un délai de douze ou vingt-quatre heures, passé lequel l'acceptant pourrait exécuter le contrat si le retrait des
offres ne lui avait pas été notifié. Une disposition
pareille, formant la condition tacite de tous les contrats conclus par télégraphe, ferait disparaître la cause
possible de nombreux procès; et comme le délai
serait court, il n'entraverait que peu la rapidité des
transactions. Il pourrait toutefois encore se produire
des cas fortuits qui feraient fléchir l'application de la
règle.

112. C. *De la mort du promettant.* — La mort du
promettant survenue avant l'acceptation et notifiée au
destinataire rend impossible la conclusion du contrat.
Mais si l'acceptation avait eu lieu avant que la mort fût
connue de l'acceptant, il serait injuste de lui faire supporter les conséquences d'une ignorance légitime et il
faudrait tenir pour engagés par l'exécution du contrat

les héritiers du défunt. (Instit. § 10, 3, 26; Dig. fr. 19, § 3, 19, 5.)

**113. D.** *De l'incapacité du promettant.* — Le même raisonnement s'applique ici, suivant que l'incapacité a été ou non notifiée avant l'acceptation.

**114.** M. Serafini nous donne (§ 23) le résumé suivant du système que nous venons d'exposer.

« 1° Un contrat entre personnes éloignées a lieu au moyen de l'acceptation du destinataire.

« 2° Si la déclaration tacite du consentement suffit, le contrat se perfectionne au moyen de l'acte, affirmatif ou négatif, duquel on induit le consentement.

« 3° Si l'on réclame une déclaration expresse, elle doit être adressée au proposant, mais il suffit que le destinataire ait fait tout ce qui dépendait de lui afin qu'elle parvînt au proposant.

« 4° La proposition n'a plus d'existence juridique pour le destinataire quand, dans l'intervalle entre la proposition et l'acceptation, se réalise l'un ou l'autre des quatre cas suivants : 1° l'expiration du délai explicitement ou tacitement convenu pour la validité de la proposition ; 2° la révocation dûment notifiée au destinataire ; 3° la mort du proposant ; 4° la perte permanente de la capacité d'agir ou de disposer nécessaire à la conclusion du contrat. »

Ces quatre cas sont aussi prévus par l'article 569 du Code de New-York qui dispose : « Une offre est considérée comme rétractée : *a)* par la réception de l'avis de rétractation de l'offrant par l'autre partie avant son acceptation ; *b)* par l'expiration du délai fixé pour l'acceptation ou, — s'il n'y a pas eu de délai fixé, — si un temps raisonnable s'est écoulé sans qu'il y ait eu acceptation; *c*) par l'omission d'accomplissement des conditiohs auxquelles l'acceptation avait été subordonnée; *d*) par la mort ou la folie du faiseur d'offres. »

115. Les conséquences du système qui reconnaît que la perfection du contrat ne dépend pas de l'arrivée de l'acceptation entre les mains du faiseur d'offres sont particulièrement satisfaisantes dans leur application aux relations commerciales qui s'accommodent des moyens de transaction les plus rapides et qui se font entre gens habitués par état à interpréter exactement le caractère des opérations auxquelles on les sollicite. On comprend peut-être que, pour les contrats civils dont la conclusion par correspondance est rare, on se soit préoccupé de prémunir les parties contre les conséquences des erreurs qu'ils pourraient involontairement commettre dans leurs engagements et que, trouvant des garanties plus complètes contre une surprise dans une constatation bien formelle de leurs volontés réciproques, on ait déclaré que le contrat n'était parfait qu'après la notification de l'acceptation à l'auteur des offres. Mais les commerçants ont depuis longtemps reconnu ce que ces formalités ont d'impraticable; aussi les codes commerciaux espagnol, portugais, bavarois; les projets de Code wurtembergeois, prussien, et du Code commercial allemand qui est devenu le Code officiel de presque tous les États de l'Allemagne (art. 317-323) ne soumettent-ils pas la conclusion du contrat à la condition de l'arrivée de l'acceptation entre les mains du faiseur d'offres. Le défaut du premier système, ainsi que nous l'avons montré (n° 108), est qu'il ne va pas assez loin en n'exigeant pas que l'ac-

ceptant soit averti de l'arrivée de l'acceptation entre les mains du promettant, car jusqu'à ce moment il peut être exposé à une révocation des offres, et par conséquent ne peut exécuter le contrat. Il semblerait au moins nécessaire de fixer un délai à partir duquel l'acceptation serait présumée connue du promettant ; mais le système qui prétend être logique jusqu'au bout ne peut admettre une présomption qui dans certains cas pourrait ne pas être vérifiée, par exemple les cas de retard dans l'arrivée des correspondances provenant de cas fortuits, de force majeure. Et puis, si même on voulait concéder la vérité logique absolue de cette manière de voir, on devrait lui refuser la vérité relative, qui a plus de poids ici, celle que la pratique journalière accepte et applique. Exigez donc qu'une personne habitant Paris, qui doit agir pour une autre résidant à Calcutta, attende, pour le faire, que son acceptation ait voyagé pendant six semaines ou plus ! Que l'on n'objecte pas que la rapidité du télégraphe rend plus facile l'accomplissement de ces exigences, car, — outre que les communications peuvent être interrompues, — si l'on emploie le télégraphe, c'est sans doute pour que le contrat se forme plus vite que par une lettre missive.

Mais il est un point sur lequel le premier système l'emporte sur le second. Lorsque l'on subordonne la perfection des consentements à l'arrivée effective de l'acceptation entre les mains du promettant, on accorde implicitement à l'acceptant la faculté de modifier sa déclaration première en faisant parvenir plus rapidement la révocation de l'acceptation que l'acceptation elle-même. Par exemple, Paul répond à Pierre, par lettre missive, qu'il accepte les offres qui lui ont été faites; mais pendant que la lettre voyage, il se ravise et télégraphie à Pierre qu'il doit tenir pour non avenue la lettre qu'il recevra, car il ne peut accepter les offres. Déclarer que Paul est obligé par sa lettre et que le télégramme ne peut pas le dégager ne paraîtrait certainement pas équitable.

Pour rendre l'intérêt de la question plus sensible en ce qui concerne les communications télégraphiques, appliquons ici une des espèces citées par M. Mittermaier, *op. cit.*, p. 14. Pierre avait adressé d'Augsbourg à Cologne par télégraphe une offre à Paul qui avait immédiatement répondu. L'offre avait été remise à Paul à 10 heures du matin, et il avait aussitôt, à 10 ½ h., envoyé son acceptation. Une interruption de communication survenue dans une station intermédiaire empêcha pendant six heures de transmettre la dépêche plus loin, de telle sorte que l'acceptation ne parvint à Pierre que vers 8 heures du soir. Mais Paul, se ravisant entre temps, voulut rétracter son acceptation, ce qu'il fit vers 6 heures du soir, de telle sorte que la dépêche d'acceptation et la dépêche de rétractation furent remises en même temps à Pierre. Dira-t-on que la rétractation ne peut produire aucun effet? Cette conséquence découle cependant de la théorie qui veut que le contrat soit parfait dès l'instant de la déclaration d'acceptation et qui accorde à l'offrant un droit acquis au consentement de l'acceptant dès qu'il est exprimé.

M. Serafini a prévu l'objection, et malgré l'échec qu'en éprouve son système il n'hésite pas à reconnaître qu'en acceptant ses principes, il faudrait y faire l'exception suivante que consacre l'article 320, alinéa 2, du Code commercial allemand déjà cité : « L'acceptation sera considérée comme non avenue quand la révocation sera parvenue au proposant avant l'acceptation ou au moins simultanément. »

## SECTION II.

### De l'influence des altérations des dépêches télégraphiques sur la conclusion des contrats.[1]

116. La très-grande importance de la question que nous avons à examiner actuellement ne saurait mieux être mise en relief que par l'exposé des espèces qui ont été soumises aux tribunaux.

Il avait été transmis au négociant Weiler à Francfort un télégramme par lequel la maison Oppenheimer de Cologne mandait à Weiler: « Vendez mille actions crédit autrichien jusqu'à 110,000 florins. Bexbach jusqu'à 152. Réponse télégraphique. » En vertu de cet ordre, Weiler vendit les titres en question pour le compte de la maison Oppenheimer, et en donna immédiatement avis par télégraphe à cette maison. Mais il lui fut aussitôt répondu qu'on ne prenait pas note de cette vente, parce que l'ordre qui avait été donné portait *achat* et non *vente*. On établit, en effet, que la dépêche déposée à Cologne pour être transmise ne contenait pas le mot *verkaufen* (vendre), mais le mot *kaufen* (acheter) et qu'à la station d'arrivée on avait confondu les deux mots dans la rédaction de la dépêche.

---

1. Mittermaier, *op. cit.*, p. 30-36. — Scraßni, *op. cit.*, §§ 38-53. — Wurth, *loc. cit.*, p. 1421.

Oppenheimer ne voulut pas payer la somme do perte indiquée par Weiler, ni livrer les titres vendus par lui; le tribunal de Cologne fut saisi de l'affaire. Weiler demandait :

1° Que l'on considérât comme donné par Oppenheimer l'ordre contenu dans le télégramme remis au demandeur par le bureau de Francfort et que le défendeur fut condamné à indemniser le demandeur des pertes qu'il avait éprouvées par l'exécution de cet ordre;

2° Que le défendeur fût en tous cas déclaré responsable, parce que, ayant voulu se servir du télégraphe, ce qui avait été la cause de la vente des actions faite par le demandeur, il était juste qu'il eût à supporter les conséquences possibles de la négligence des personnes employées par lui pour la transmission du mandat.

Le tribunal rendit, le 4 avril 1856, un jugement condamnant les défendeurs Oppenheimer à payer au demandeur Weiler la somme à laquelle se montait le dommage qu'il avait éprouvé, se fondant sur ce que les défendeurs étaient en faute de s'être servis du télégraphe pour communiquer leurs ordres.

Une transaction intervenue entre les parties en cause a malheureusement empêché un examen plus approfondi, devant les tribunaux supérieurs, des principes qui gouvernent la matière. Mais les considérants du jugement du tribunal de Cologne ont été généralement attaqués.[1]

117. La solution des questions que soulèvent les

---

1. Reyscher, *Zeitschrift für deutsches Recht und deutsche Rechtswissenschaft*, t. XIX, p. 456.

altérations opérées dans un télégramme dépend de la manière dont on apprécie la nature du contrat conclu entre l'expéditeur et le destinataire (n° 78). Si le télégramme doit être considéré comme un titre original écrit et signé par l'expéditeur lui-même, sans aucun doute les altérations opérées dans la dépêche par la faute des employés du télégraphe ne vicieront en rien le consentement donné sur la foi de la dépêche, sauf toutefois le cas où la dépêche n'émane pas de l'expéditeur supposé, ou n'est qu'une pure invention de l'employé. Si l'on reconnaît qu'une dépêche altérée peut engager l'expéditeur, il faudra déclarer aussi qu'il serait engagé si la dépêche recevait une destination autre que celle que l'expéditeur avait en vue. Aussi Serafini imagine-t-il, pour ôter tout crédit à ce système, le cas suivant : Paul demande M<sup>lle</sup> Marie en mariage; le télégramme est remis à M<sup>lle</sup> Louise. M<sup>lle</sup> Louise s'empresse d'acquiescer sans conditions à cette demande et il en résulte une belle et bonne promesse de mariage réciproque. L'erreur étant reconnue, si M<sup>lle</sup> Louise prétendait maintenir la validité du contrat, Paul, malgré la preuve matérielle de l'erreur de l'administration télégraphique, devrait demander l'annulation des fiançailles pour cause d'erreur sur la personne. — Mais peut-on demander l'annulation d'un contrat qui n'a jamais existé, Paul n'ayant pas demandé M<sup>lle</sup> Louise en mariage, mais bien M<sup>lle</sup> Marie !

Aussi peu que l'on peut soutenir une opinion pareille, aussi peu pourra-t-on admettre, dans l'espèce jugée à Cologne, qu'il s'est conclu un contrat entre Weiler et Oppenheimer.

Ce n'est donc pas au télégramme qu'il faut avoir égard, mais à la dépêche originale et alors il faut dire qu'il n'y a pas de contrat, non - seulement quand la dépêche a été remise par erreur à un faux destinataire, mais aussi quand il y a altération de la nature du contrat, de l'objet de la proposition, etc.

Il faut donc appliquer à la validité des contrats conclus par télégramme toutes les règles sur la validité des conventions en général, telles qu'elles sont posées dans l'article 1108 du Code Napoléon. Mais conformément aussi aux principes admis par le Code, il faudra décider qu'une altération de la dépêche portant sur un point accessoire ne modifiera pas la conclusion du contrat, par exemple si la date de la dépêche a été changée, si le nom du lieu de départ a été omis ou dénaturé.

### SECTION III.

**Du dommage résultant de l'altération des dépêches télégraphiques.**

118. Les pertes occasionnées par des modifications arbitrairement faites par l'employé dans la dépêche originale peuvent être très-considérables; ainsi la perte résultant de l'achat fait par Weiler pour le compte d'Oppenheimer s'est montée pour ce dernier à une somme de près de 150,000 fr. Qui de l'expéditeur ou du destinataire supportera le dommage?

Nous avons établi (n° 79) que le télégramme ne pouvait être considéré comme une lettre écrite par l'expéditeur lui - même, et nous devons en conclure que le destinataire ne saurait obtenir contre l'expéditeur une action en dédommagement d'une erreur qui ne peut lui être imputée. (Reyscher, *loc. cit.*, p. 291.) Lorsque le tribunal de Cologne eut à juger l'espèce qui est devenue célèbre, il se trouva naturellement dans un grand embarras. Oppenheimer avait déposé au bureau, pour le faire parvenir à Weiler, un ordre parfaitement clair, mais dont le caractère avait été falsifié sans qu'il en eût connaissance. Weiler avait exécuté à la lettre les instructions qu'il avait lues dans le télégramme et était fondé à croire qu'elles exprimaient la volonté de son correspondant. Une seule personne était donc cause du dommage que l'exécution du télégramme avait causé, et cette personne c'était l'employé du télégraphe, c'est-à-dire autre chose qu'un serviteur aux gages d'un maître sur qui serait retombée l'obligation d'indemniser les parties du préjudice éprouvé. Pour vider le différend, il fallait cependant que l'une des deux parties contractantes fût déclarée responsable.

Le tribunal admit que l'expéditeur pouvait valablement être actionné par le destinataire, parce qu'il avait commis la faute de s'être servi du télégraphe. Voici le considérant sur lequel s'appuie le jugement : « Considérant que la télégraphie électro-magnétique est encore aujourd'hui un moyen de communication plus ou moins imparfait et incertain, parce que la force motrice et les résistances qui peuvent l'empêcher ou la retarder ne sont pas suffisamment connues, et que, sans parler des opérations purement mécaniques, le travail du personnel du service, vu la hâte et la célérité extraordinaires qui accompagnent de telles opérations, peut facilement produire des erreurs et des équivoques, de sorte que tous les États qui ont l'exploitation des télégraphes ont rejeté toute espèce de garantie; nous pensons que celui qui se sert pour les correspondances de ce moyen mal assuré, et néglige les précautions qui pourraient garantir l'exactitude de la transmission, doit supporter lui-même les conséquences des erreurs et des dommages qui en résultent, et par suite indemniser la partie lésée. »

119. Mais la possibilité d'erreurs dans la transmission des dépêches n'est pas un motif suffisant pour déclarer l'expéditeur en faute d'avoir choisi ce mode de communication. M. Mittermaier fait, au reste, observer avec beaucoup de raison que les États eux-mêmes se servent du télégraphe dans les affaires d'État les plus importantes, qu'ils mettent les plus grandes précautions à la nomination des employés du télégraphe, à la publication des instructions, que dans le monde commercial l'usage de ce moyen compte parmi les moyens réguliers et que, dès lors, on ne peut reprocher à personne de se rendre coupable d'incurie en en faisant usage. Le tribunal de commerce de Rouen, par jugement confirmé en appel, a reconnu non-seulement qu'un contrat conclu par télégramme est formé d'une manière très-régulière, mais encore que l'une des parties, en employant ce moyen de correspondance, a implicitement entendu qu'il fût employé par l'autre partie, faute de quoi les offres pouvaient être retirées pour cause de retard dans la réponse arrivée par la poste. (*Moniteur*, juin 1862.) Du reste, le mandataire, par l'exécution même du mandat reçu par télégraphe, n'approuve-t-il pas tacitement le choix du moyen?

Du moment que l'on est forcé de reconnaître l'utilité

majeure du télégraphe pour la conclusion des contr
entre absents, on est mal venu de reprocher l'emp
de ce moyen à l'expéditeur, et de s'autoriser d'une
faute qui lui est gratuitement imputée pour lui faire
supporter les résultats d'une altération de dépêche dans
laquelle il n'est pour rien.

120. Cependant, peut-on dire, n'avait-il pas un
moyen de s'assurer que la dépêche a été portée à la
connaissance du destinataire telle qu'il l'avait écrite, et,
dès lors, n'est-il pas en faute s'il pouvait acquérir la
certitude de l'exactitude de la transmission ?

Lorsque l'employé de la station d'arrivée éprouve des
doutes sur le sens réel de la dépêche qui lui est transmise, le règlement lui fait un devoir de s'assurer auprès
de l'employé expéditeur qu'il a bien compris les signes
qu'il doit interpréter. Cette opération s'appelle le *collationnement*; il est abandonné à la sagacité de l'employé,
qui est libre de faire répéter tous les mots susceptibles
de faire naître un doute dans l'esprit du destinataire.
En réalité, il est assez rarement employé pour le corps
même de la dépêche dont la rédaction est le plus souvent intelligible pour les correspondants seuls, mais
il sert fréquemment pour s'assurer de la véritable
adresse à laquelle le télégramme devra être porté. Ce
collationnement partiel et obligatoire peut être considéré comme une garantie sérieuse de l'exactitude des
opérations télégraphiques, mais il se fait à l'insu de
l'expéditeur de la dépêche, qui ne peut pas contrôler le
résultat final de la transmission.

Mais l'expéditeur peut aussi, en payant double taxe,
obtenir un collationnement complet de sa dépêche qui

est répétée, dans ce cas, en entier par la station destinataire. Moyennant cette précaution l'expéditeur aurait
complète garantie que la dépêche sera bien comprise
par le destinataire, et de plus le destinataire, averti
de l'opération du collationnement, pourra ajouter une
foi entière à la conformité du télégramme qu'il reçoit
avec la dépêche originale. — Mais quel serait donc le
but des nombreuses mesures de précaution imposées
à l'administration télégraphique pour assurer l'exactitude de son service, si l'on pouvait imputer à faute à
l'expéditeur de n'avoir pas été assez défiant de l'usage
du télégraphe, et de n'avoir pas exigé l'opération, très-
onéreuse peut-être, du collationnement? Aussi, la
faculté de faire collationner, écrite dans les règlements,
est-elle presque une lettre morte dans la pratique commerciale; ainsi, M. de Lameillère, dans ses notes sur
Serafini, observe que le collationnement payé est si
rare que « les statistiques françaises de 1860 donnent
seulement, pour le service intérieur 0.01 p. 100, et
pour le service international 0.07 p. 100 environ ». Au
surplus, les altérations de dépêches sont, en fait, peu
fréquentes et l'on peut admettre la présomption que la
transmission sera exactement faite. Il résulte donc de
tout ce que nous avons dit que l'expéditeur ne saurait
être responsable de n'avoir pas fait usage d'une précaution tout à fait extraordinaire.

121. Le tribunal de Cologne aurait mieux jugé, à
défaut de responsabilité administrative, s'il avait fait
tomber la responsabilité sur le destinataire. Lorsque
Oppenheimer propose un marché à Weiler, est-il certain que celui-ci en acceptera l'exécution? Si Weiler

agit conformément au télégramme qu'il a reçu et accepte ainsi tacitement la commission qui lui a été confiée, il s'expose à mal interpréter les ordres qui lui sont parvenus. Lui surtout a un intérêt capital à connaître l'interprétation qu'il faut donner à la dépêche, et à avoir une certaine défiance des opérations télégraphiques. Les sommes considérables engagées dans le marché qu'il a conclu lui faisaient particulièrement un devoir de prendre toutes ses précautions; le moyen était simple : il n'avait qu'à renvoyer une dépêche à Oppenheimer pour s'assurer qu'il avait reçu connaissance exacte des termes du marché.

Ces dépêches de retour, à l'encontre des demandes de collationnement, sont assez fréquentes, et M. Mittermaier relève le fait qu'elles sont particulièrement usitées en Allemagne depuis le jugement de Cologne pour toutes les affaires de commission où se trouvent les mots *kaufen* et *verkaufen*. Le simple fait que ce sont les destinataires qui prennent cette précaution, indique suffisamment qu'ils se reconnaissent coupables les tout premiers d'exécuter les ordres d'une dépêche dont le sens peut avoir été altéré.

Cependant, de ce que la dépêche de retour est une précaution fort utile à recommander aux destinataires, il ne s'ensuit pas qu'en droit ils puissent être légitimement déclarés responsables des erreurs qui seraient la conséquence de cette omission. Si nous écartons le cas où l'expéditeur a prescrit au destinataire l'emploi de ce moyen, — car alors cette recommandation renferme la condition implicite que le dommage résultant des erreurs retombera sur le destinataire — nous serons forcé de reconnaître que si la présomption de transmission exacte peut être invoquée par l'expéditeur pour s'excuser de n'avoir pas réclamé le collationne- ment, elle est aussi applicable au destinataire qui n'a pas de motif particulier de douter de la conformité du télégramme avec la dépêche originale.

**122.** Nous avons indiqué plus haut (n<sup>os</sup> 64-67) les diverses assimilations que l'on a essayé de faire entre le télégraphe et d'autres institutions juridiques. Nous allons citer un exemple du danger de ces assimilations *à priori* pour l'exacte interprétation des rapports qui interviennent entre l'expéditeur et l'administration télégraphique. M. Koch[1] expose la théorie suivante pour établir la responsabilité de l'expéditeur. « L'expéditeur doit être considéré comme un mandant qui charge l'administration télégraphique de transmettre un avis à un tiers. Le cas est identique à celui où l'on envoie à quelqu'un un messager avec une instruction verbale. Si le messager, en écrivant l'instruction reçue, commet une erreur, le mandat étant démontré valable, le mandant doit supporter toutes les pertes qui résultent de la relation inexacte du messager.» Pour fortifier son opinion, M. Koch cite l'espèce suivante : «Un de mes cousins avait donné par télégraphe un certain ordre à un banquier de Berlin; or, l'employé du télégraphe ayant changé le montant de la somme, en télégraphiant 50,000 au lieu de 500 thalers, il en était résulté un dommage assez considérable pour le commissionnaire. Ce cas cependant ne donna pas lieu à une contestation, mon

---

1. Koch, *Deutschlands Eisenbahnen,* Marburg, 1858-1860, t. II, p. 351, note 3.

cousin ayant aussitôt reconnu que l'obligation lui incombait d'indemniser le banquier de la perte éprouvée par suite de l'exécution de l'ordre reçu. »

M. Serafini, *op. cit.*, § 51, après avoir constaté la délicatesse de procédés du cousin de M. Koch, aborde la question de droit et fait ressortir ce qu'a de peu concluant, contre l'irresponsabilité de l'expéditeur, l'espèce citée.

Et d'abord, le contrat conclu avec l'administration télégraphique est une location d'ouvrage et ne peut être comparé avec celui qui se forme avec un messager ou un mandataire. Du reste, où donc trouver dans l'espèce citée un mandat? Pût-on même assimiler l'administration télégraphique à un messager, il n'en résulterait pas que l'expéditeur est responsable des erreurs qu'elle commet, car on devait appliquer ici le principe : « *Quidquid nuntius dicit vel facit præter vel contra commissionem, illud ipso jure nullum est.* » (Cpr. Loi 10, Code, 2, 13; art. 1989 C. N.) Par conséquent, si le messager, n'ayant pas d'autre mission que de porter une lettre, conclut lui-même des contrats, change les lettres ou les falsifie, il est certain que le mandant ne contracte aucune obligation envers les tiers qui sont induits en erreur par le messager. Si quelqu'un prête foi à un faux messager, ou si, traitant avec un véritable envoyé, il conclut des affaires pour lesquelles celui-ci n'aurait aucun pouvoir, il doit porter la peine de sa propre crédulité et ne peut pas plus s'en prendre au mandant avec qui il croyait contracter, qu'il ne le pourrait s'il avait contracté avec tel individu pris pour un autre ou agissant au nom d'autrui sans mandat.

**123.** Il s'est présenté, le 12 décembre 1862, devant le tribunal de commerce de la Seine, une espèce singulière, qui n'est sans doute pas destinée à se reproduire fréquemment, dans laquelle l'erreur commise par l'administration télégraphique consistait, non plus dans une altération de la dépêche originale, mais dans une fausse direction donnée au télégramme.

M. Richard Souchet, de Melle (Deux-Sèvres), demande des marchandises à MM. Jeanti aîné et fils par dépêche télégraphique et leur prescrit une réponse télégraphique dans la matinée. MM. Jeanti expédient leur réponse à 10 ½ heures du matin, c'est-à-dire en temps utile, et l'adressent à Melle. L'employé du télégraphe croit que Melle est une abréviation de Marseille et envoie la dépêche dans cette dernière ville. Mais l'erreur ayant été reconnue, la dépêche a été renvoyée à Melle à 7 heures du soir. Dans l'intervalle, Souchet n'ayant pas vu arriver, dans le délai prescrit, la dépêche de Jeanti, avait conclu son affaire avec un vendeur tenu en suspens, et il refuse le marché tardif apporté dans la soirée par le télégraphe. Jeanti assigne Souchet en 2,000 fr. de dommages-intérêts, en se fondant sur ce qu'ayant suivi les prescriptions de Souchet relativement à la transmission, il doit subir les conséquences de son ordre.

Le tribunal n'admit pas cette prétention et déclara MM. Jeanti mal fondés en leur demande. Les considérants du jugement furent les suivants. Comme Souchet avait exigé une réponse dans un délai fixé, il était parfaitement fondé à refuser le marché dont l'acceptation lui avait été tardivement notifiée, sans qu'on puisse le rendre responsable des conséquences de l'erreur commise par l'administration télégraphique. — Relativement à la faute que Souchet aurait commise, d'indiquer le télégraphe comme le seul moyen de communication, à supposer qu'il y eût faute, elle serait couverte par ce fait que MM. Jeanti, demandeurs, ont également reconnu l'administration télégraphique comme leur propre agent. ( *Le Droit,* n° 304, 24 déc. 1862.)

Ce jugement, basé sur des considérants qui sont le contre-pied de ceux du tribunal de Cologne, est absolument satisfaisant dans l'état actuel des principes sur la responsabilité. M. Mittermaier, *op. cit.*, p. 36, lui reproche cependant d'avoir admis que les employés du télégraphe sont les mandataires des parties, et il pense que c'est en partant de cette idée que le tribunal de commerce a débouté MM. Jeanti de leur demande, en se fondant sur ce que le mandant doit supporter les fautes du mandataire qu'il a choisi. « Or, dit M. Mittermaier, le demandeur était obligé, pour ne pas laisser passer le délai fixé, de se servir du télégraphe, mais l'employé préposé à ce service n'était pas un mandataire choisi par le demandeur. » Cet auteur en tire la conclusion que le mandat étant imposé, le mandant ne doit pas subir les conséquences d'un choix qu'il n'a pas fait.

Il nous semble que M. Mittermaier tire des conclusions exagérées des considérants du tribunal de Paris; il leur prête un sens que nous n'y trouvons pas. Dans notre pensée, le tribunal n'a pas considéré l'administration télégraphique comme un mandataire, mais comme un entrepreneur de transports, comme l'indique le mot

« agent », dont l'entremise est obligatoire, mais qui présente des garanties égales à tous ceux qui s'adressent à lui. Il ne s'agit pas ici de contrat librement passé entre mandant et mandataire, mais bien de l'indication d'un moyen de communication, dont le tribunal a fort bien pu décider que MM. Jeanti avaient accepté les chances en l'adoptant.

124. De tout ce que nous avons exposé il résulte donc :

1° Que le contrat n'existe que lorsqu'il est passé conformément à la teneur de la dépêche originale déposée au bureau télégraphique par l'expéditeur ;

2° Que l'expéditeur n'est responsable que de la dépêche originale et n'est pas garant de l'exactitude dans la transmission, dans la lecture des signaux et dans la copie de ces signes ;

3° Que le destinataire qui a éprouvé des dommages par suite de l'altération d'une dépêche ou d'une direction fausse qui lui a été donnée, n'a pas d'action en indemnité contre l'expéditeur.

125. Tels sont les principes. Y a-t-il des cas dans lesquels il peut y être fait exception, dans lesquels le destinataire peut valablement actionner l'expéditeur en dommages-intérêts ?

MM. Reyscher (*loc. cit.*, p. 295) et Serafini (*op. cit.*, § 53) n'admettent que deux cas d'exception ; le premier est celui d'une déclaration de l'expéditeur, qu'il prend à sa charge tous les risques et périls ; le second se présente lorsque les pertes subies par le destinataire proviennent d'une faute imputable à l'expéditeur.

A. *Déclaration de l'expéditeur qu'il assume tous les*

*risques et périls.* — Lorsque l'expéditeur fait savoir au destinataire qu'il doit exécuter de confiance et à la lettre toutes les communications télégraphiques qui lui seront faites, il est clair qu'il relève par avance le destinataire de toutes les conséquences dommageables que l'exécution scrupuleuse des ordres reçus peut entraîner. Cette déclaration peut résulter d'un avis inséré dans la dépêche même, d'une lettre, d'une dépêche spéciale. L'expéditeur peut s'engager ainsi pour une affaire particulière, ou, d'une manière générale, pour toutes les affaires d'une certaine nature que le destinataire aura à soigner pour lui, ou même pour toutes les dépêches, en général.

Mais cette responsabilité dont l'expéditeur accepte la charge peut-elle être présumée dans certaines circonstances sans qu'il s'en soit expressément expliqué ; l'acceptation de responsabilité peut-elle être tacite ? M. Reyscher admet que lorsque l'expéditeur a donné commission au destinataire de conclure l'affaire immédiatement et sans précautions préalables, l'expéditeur assume sur lui les pertes éventuelles résultant des altérations. Cette hypothèse nous paraît peu concluante, car la défense expresse faite au destinataire de chercher à éclairer les doutes que la lecture du télégramme peut faire naître en lui, nous paraît se rapprocher singulièrement d'une déclaration expresse que l'exécution de l'ordre télégraphié ne saurait lui causer préjudice. Et puis, l'injonction d'agir immédiatement ne peut se rapporter qu'au mandat tel qu'il est conçu dans la dépêche originale, et ne fait pas supposer que l'expéditeur a en vue les risques possibles d'une communication télégraphique. Il serait très-dangereux, selon nous, d'admettre le principe d'une responsabilité tacite, car à tout instant le destinataire prétendrait interpréter le caractère formel et pressant du télégramme comme une acceptation, sous-entendue par l'expéditeur, de la responsabilité qu'entraînera son exécution.

Il est un cas seulement dans lequel nous admettrions la responsabilité tacite de l'expéditeur, c'est lorsque l'expéditeur avise le destinataire que le collationnement de la dépêche a été opéré. La demande de collationnement suppose, en effet, nécessairement dans l'esprit de l'expéditeur la crainte que la dépêche n'ait été mal comprise par l'employé du bureau d'arrivée, et par conséquent, avertir le destinataire du collationnement, c'est lui dire : Agissez sans crainte qu'une altération soit survenue dans la dépêche. J'ai pris mes précautions contre toute irrégularité ; vous ne sauriez donc souffrir de l'exécution de l'ordre tel qu'il vous parvient.

B. *De la faute de l'expéditeur.* — Nos auteurs admettent un seul cas de faute imputable à l'expéditeur, et dont il doive supporter les conséquences, c'est lorsque, par l'écriture illisible de la dépêche originale, il a donné lieu à l'erreur de l'employé du télégraphe. Mais il ne nous paraît pas que l'expéditeur soit aussi coupable d'avoir une mauvaise écriture que l'employé de s'exposer à faire une transmission fausse pour avoir mal déchiffré l'original. Les instructions prescrivant aux employés de ne pas accepter de dépêche illisible et de s'assurer de l'orthographe réelle des mots peu usités, nous serions plus porté à déclarer l'employé responsable des erreurs commises pour une cause pareille.

## SECTION IV.

### De la responsabilité de l'administration télégraphique.[1]

**126.** Jusqu'ici, nos recherches ne nous ont conduit à aucun résultat absolument satisfaisant au point de vue de l'équité. La nécessité de trouver une solution quelconque aux difficultés qui peuvent naître entre les contractants par suite de communications télégraphiques imparfaites, nous a obligé à faire supporter la responsabilité des dommages tantôt au destinataire, tantôt à l'expéditeur, suivant que nous apercevions chez l'un ou chez l'autre un semblant de négligence parfaitement excusable. En toute justice, nous avons dû reconnaître que ces solutions étaient fausses si elles devaient être définitives, car elles tendaient à faire souffrir cruellement un innocent d'une faute dont l'auteur véritable prétendait ne pas supporter les conséquences.

Nous avons à examiner maintenant la question culminante du débat, celle de savoir si l'administration télégraphique est responsable des fautes de ses employés et si, par conséquent, le pauvre expéditeur ou le malheureux destinataire auront, oui ou non, un recours contre elle pour la réparation du préjudice dont l'imperfection de son service aura été la cause.

**127.** Nous avons établi plus haut (n° 67) la nature du contrat qui se forme entre l'administration télégraphique et l'expéditeur ; c'est un louage de services semblable à celui des voituriers qui se chargent de trans-

---

1. Serafini, *op. cit.*, § 54. — Mittermaier, *op. cit.*, p. 39.

porter des marchandises. L'administration télégraphique offre aussi, avons-nous dit, la plus grande analogie avec la poste; toutes deux se chargent de transmettre quelque chose moyennant une taxe déterminée par les tarifs, et forment ainsi un *contrat de transport* avec ceux qui ont recours à son entremise. Ce point admis, les principes généraux du droit nous conduisent facilement à déterminer les obligations et le degré de responsabilité qu'il conviendrait d'appliquer à l'administration et à ses agents. Lorsqu'une dépêche a été déposée au bureau télégraphique et acceptée, l'administration n'est plus libre de la transmettre ou non, à une autre personne ou dans un autre lieu que ceux qui sont déterminés par l'expéditeur, ni d'en retarder la transmission et encore moins d'en altérer le texte. Ces conditions répondant au but même des communications télégraphiques ne peuvent faire l'objet d'un doute, et le fait qu'il a été payé une taxe proportionnée à l'œuvre que l'administration promet, prouve qu'elle se soumet à l'obligation de poursuivre le but en vue duquel la taxe a été acquittée. Que la dépêche ne soit pas remise, qu'elle ne le soit pas à temps, que le lieu de destination soit changé, le texte altéré, et l'administration ne satisfera plus à ses devoirs. Toute faute de cette nature dans l'exécution de ses obligations, selon les principes de droit commun, doit nécessairement être imputée à l'administration qui la commet, et dès lors entraîner contre elle une déclaration de responsabilité.

L'administration des postes, les administrations de chemins de fer reconnaissent parfaitement qu'elles sont garantes des erreurs commises par leurs employés et agents; sur quel fondement juridique celle du télégraphe prétendrait-elle que les mêmes principes ne doivent pas lui être applicables?

Suivant l'opinion de M. Serafini, l'administration télégraphique est, comme les deux autres, responsable des fautes à tous les degrés, car les règles de responsabilité en matière de contrat de transport n'établissent l'irresponsabilité que pour le seul cas de force majeure. L'article 1782 du Code Napoléon dispose, en effet : « Les voituriers par terre et par eau sont assujettis, pour la garde et la conservation des choses qui leur sont confiées, aux mêmes obligations que les aubergistes. » L'article 1952 du Code Napoléon, auquel se réfère l'article 1782, porte : « Les aubergistes ou hôteliers sont responsables comme dépositaires des effets apportés par le voyageur qui loge chez eux ; le dépôt de ces sortes d'effets doit être regardé comme un dépôt nécessaire. » Article 1953 : « Ils sont responsables du vol ou du dommage des effets du voyageur... » Article 1954 : « Ils ne sont pas responsables des vols faits avec force armée ou autre force majeure. » Enfin, l'article 98 du Code de commerce dispose : « Le voiturier est garant des avaries ou pertes de marchandises et effets, s'il n'y a stipulation contraire dans la lettre de voiture ou force majeure. »

En conséquence de ces dispositions, l'administration télégraphique, véritable entreprise de transports, devra payer aux parties intéressées une juste indemnité pour toute perte, altération, fausse direction que pourront souffrir les dépêches par suite d'un événement qu'une plus grande diligence dans le service aurait pu prévenir, et pour tous les dommages qui auront été soufferts par les parties par suite de cette négligence.

**128.** Mais l'administration devra-t-elle aussi être déclarée responsable pour le retard dans la transmission d'une dépêche, et pour le préjudice que ce dommage aura causé ? Si nous voulons rester fidèle aux principes du droit commun, nous n'hésiterons pas à répondre affirmativement. Si, dans toute espèce de contrats, celui qui se trouve en retard dans l'exécution des obligations qu'il a contractées doit réparer le préjudice causé, la règle s'applique particulièrement au contrat de transport, et spécialement à celui qui concerne la transmission des dépêches électriques, puisqu'il est de la nature même de la correspondance télégraphique de ne pas admettre de retard. Il importe seulement de déterminer quand on peut légitimement accuser l'administration d'un retard qui la constitue de plein droit garante du préjudice causé. C'est là une question de fait qui ne peut être tranchée d'une manière absolue, car il faudra dans chaque espèce avoir égard à la transmission plus ou moins directe, aux distances, au plus ou moins grand encombrement de dépêches au bureau télégraphique, aux perturbations atmosphériques qui empêchent le passage des dépêches.

**129.** Ici se présente la question de savoir si la partie lésée doit faire la preuve de la faute de l'administration, ou si, en cas de retard ou d'altération de dépêche, l'administration doit toujours être présumée en faute, jusqu'à ce qu'elle prouve que le retard ou les pertes qui en résultent proviennent du correspondant lui-même ou de la force majeure. La difficulté de la preuve serait si grande pour celui qui se plaint du retard que ce serait entièrement détruire, sous ce rapport, la responsabilité de l'administration télégraphique que de forcer le demandeur en indemnité à prouver les faits qui constituent le retard. Aussi, presque tous les auteurs reconnaissent-ils que les entrepreneurs de transports sont présumés en faute tant qu'ils ne prouvent pas la force majeure. L'article 1784 du Code Napoléon est du reste formel en ce sens lorsqu'il dispose que les voituriers « sont responsables de la perte et des avaries des choses qui leur sont confiées, *à moins qu'ils ne prouvent* qu'elles ont été perdues par cas fortuit ou force majeure. » (Merlin, *Rép.*, v° MESSAGERIES, § 11, n° 2; Troplong, sur l'art. 1784; Aubry et Rau, III, § 373; Serafini, *loc. cit.*, § 57.)

130. Après avoir ainsi établi la garantie absolue dont l'administration télégraphique est tenue à raison de toutes les fautes qui lui sont imputables, il nous reste à examiner deux questions spéciales. La première a trait aux altérations de dépêches survenues sur des lignes télégraphiques étrangères; la seconde touche la nature de l'action qui est accordée aux correspondants contre l'administration à raison des dommages causés.

131. La responsabilité de l'administration télégraphique se borne-t-elle aux dommages advenus sur ses propres lignes, ou s'étend-elle à ceux qui sont arrivés sur d'autres lignes sortant de son réseau? Par exemple, Paul expédie une dépêche de Paris à Berlin, et il se produit une altération en Allemagne. Faudra-t-il faire supporter le dommage à l'administration française, ou l'expéditeur devra-t-il actionner l'administration du

télégraphe allemand? M. Serafini répond à cette question que, de même que le commissionnaire de transports répond du voiturier auquel il a remis les effets qui lui ont été confiés pour en opérer le transport, de même l'administration française est tenue des dommages causés par l'administration allemande à laquelle elle a transmis la dépêche pour qu'elle effectue la transmission ultérieure et régulière.

Cette décision est évidemment la seule admissible, car le contrat de transport est formé entre l'expéditeur et la station de départ, et, par suite, c'est à celle-là seule que l'expéditeur peut demander compte des irrégularités de la transmission. On ne saurait le forcer à poursuivre les administrations étrangères avec lesquelles il n'a pas traité, sans compter que le plus souvent il lui serait impossible de découvrir les traces des erreurs commises.

132. Quelle est l'action qui appartient aux correspondants contre l'administration télégraphique pour demander le remboursement des pertes subies par sa faute?

Lorsque le destinataire peut agir contre l'expéditeur dans les cas particuliers que nous avons examinés plus haut (n° 125), l'expéditeur se retournera contre l'administration au moyen de l'action naissant du contrat qu'il a passé avec elle. Lorsque, au contraire, le destinataire ne peut prétendre à aucun dédommagement de la part de l'expéditeur — ce qui est le cas le plus fréquent — de quel droit attaquera-t-il l'administration avec laquelle il n'a pas contracté? Si la dépêche qui lui a été adressée ne lui a pas été remise, comme il ne peut prétendre un droit de propriété sur une chose qui n'est pas encore arrivée entre ses mains, il devra agir du chef de l'expéditeur qui lui aura cédé son action; si la dépêche lui est parvenue, mais altérée ou en retard, il aura acquis la propriété du télégramme et pourra, de son chef, actionner l'administration en remboursement des pertes subies.

133. Nous avons traité cette question de la responsabilité de l'administration à un point de vue purement théorique et telle qu'elle nous semble devoir être envisagée. Après avoir recherché la nature exacte des opérations télégraphiques, nous nous sommes appuyé sur les principes du droit commun pour trouver les solutions véritablement juridiques qui peuvent naître de l'usage du télégraphe. Nous avons réparti de la manière qui nous a paru la plus équitable la responsabilité qui revient à chacun à raison des fautes qui lui sont imputables, et dans un travail qui a pour objet moins d'expliquer la législation existante que de rechercher les bases d'une législation plus rationnelle, nous avons mieux aimé jusqu'ici faire abstraction des dispositions, fort incomplètes, à la vérité, qui régissent la matière. Nous serons plus à l'aise pour aborder maintenant les lois et règlements existants.

134. La loi du 29 novembre 1850, qui a mis le télégraphe électrique à la disposition du public, dispose dans son article 6: « L'État n'est soumis à aucune responsabilité à raison du service de la correspondance privée par la voie télégraphique. »

L'article 25 du décret du 17 juin 1852 dispose que le prix de la dépêche peut être remboursé si elle n'a pas pu remplir son objet par suite de retard ou d'altération.

Si tout ce que nous avons dit jusqu'ici est conforme aux vrais principes sur la responsabilité, il faut avouer que nous sommes en opposition flagrante avec le texte formel des lois existantes. Ces dispositions sont donc juridiquement mauvaises; mais comme elles sont les mêmes dans presque tous les États de l'Europe qui se sont réservé le monopole de l'exploitation des lignes télégraphiques, il faut, sans doute, qu'elles se justifient par de puissants motifs. La discussion de la loi de 1850 (*Moniteur* du 28 nov. 1850) nous fait connaître quels sont les arguments qu'on a fait valoir à l'appui de ces dispositions exceptionnelles. Partant de ce fait, qui était certes vrai avec les appareils en usage à cette époque, que la régularité absolue des opérations télégraphiques est soumise à trop de chances pour pouvoir être garantie, M. F. Barrot, alors ministre de l'intérieur, s'exprimait ainsi: «Il y aurait danger évident à ne point mettre l'État à l'abri d'une responsabilité pécuniaire qu'il encourrait en regard d'une modique taxe, responsabilité qui pourrait avoir de graves conséquences pour le Trésor public... Il sera toutefois offert aux citoyens un moyen d'assurer une plus complète exactitude en payant une double taxe; mais dans ce cas même, *la garantie d'exactitude reposera dans les précautions administratives prises pour donner toute certitude à la transmission, et non dans la responsabilité de l'État qui doit toujours être mis à couvert contre des actions dont on ne peut mesurer la portée.*»

M. Savoye avait déposé un amendement ainsi conçu:

« L'État garantit l'exactitude dans la transmission des dépêches qui lui sont confiées. En cas d'empêchement, sauf le cas de force majeure, il remboursera à l'expéditeur le prix perçu pour cette transmission. » Il s'appuyait, pour le justifier, sur les règles du droit commun et spécialement sur la responsabilité qui atteint l'État à raison des irrégularités commises dans le service des postes. Puis, contre l'argument tiré de l'imperfection des appareils en usage, il objectait que le gouvernement ferait mieux d'attendre que des progrès fussent réalisés avant de solliciter le public à se servir d'un moyen de communication que l'on reconnaissait comme dangereux.

M. Barrot se borna, en réponse, à faire ressortir de nouveau les nombreuses circonstances imprévues qui pouvaient déranger la régularité du service, et la nécessité de mettre le Trésor à couvert contre les charges aléatoires dont la responsabilité de l'État pourrait le grever. M. Savoye, après avoir insisté sur l'irresponsabilité pour des événements de force majeure, s'exprima ainsi : « A quoi voulons-nous arriver ? A perfectionner le service de la poste au moyen d'un nouveau mode de transmission. Il est évident que si vous voulez amener le public à se servir de la télégraphie électrique, il faut que le public trouve dans cette voie de transmission une certitude morale, et que, à moins d'un empêchement de force majeure, il doit être placé dans la même position que pour le service des postes, service qui, assurément, deviendrait illusoire, s'il n'y avait pas cette garantie. Au surplus, nous ne proposons pas une innovation ; nous demandons l'application des principes de justice, d'équité à ce nouveau mode de transmission. »

En droit, M. Savoye avait raison contre le projet de loi ; en fait, M. Barrot était très-fondé à repousser un amendement qui n'indiquait aucune limite à la responsabilité de l'État et qui pouvait entraîner un dérangement fort considérable et très-imprévu dans l'équilibre budgétaire. Mais il faut remarquer que la loi d'irresponsabilité a été votée à une époque où les appareils très-rudimentaires n'offraient que peu de garanties d'exactitude. Aussi n'hésitons-nous pas à dire que les progrès journaliers de la science télégraphique ne tarderont pas à réduire à leur juste valeur les craintes économiques dont M. Barrot s'est fait l'organe, et à rendre de plus en plus urgent le retour aux vrais principes juridiques que M. Savoye signalait si énergiquement.

M. L. de Lameillère (note 15) remarque, à propos du principe de l'irresponsabilité des États, qu'en Espagne la loi sur la télégraphie privée ne fait pas mention de la non-responsabilité de l'État. Aux États-Unis, les Chartes des compagnies télégraphiques portent qu'elles n'acceptent aucune responsabilité pour les erreurs commises, *à moins qu'on n'ait payé la moitié en sus pour le collationnement, auquel cas elles remboursent, s'il y a faute, cinq cents fois la somme versée.*

Le grand-duché de Bade se rend responsable du contenu de certains télégrammes. Depuis le 1er avril 1862, chacun est autorisé à verser dans les bureaux télégraphiques jusqu'à concurrence de 100 florins pour être payés par un autre bureau du pays. La station d'arrivée doit faire porter le télégramme du versement et la somme versée au domicile du destinataire. Elle est responsable du payement exact de cette somme.

A l'exception de ces dispositions particulières, tous les États ont pris soin de dégager leur responsabilité.

135. Il est évident que toute discussion de principes vient échouer devant un texte de loi qui a établi une dérogation aussi formelle au droit commun. L'article 6 de la loi du 29 novembre 1850 équivaut donc à une fin de non-recevoir absolue opposée à l'expéditeur ou au destinataire qui voudrait s'adresser à l'État pour être indemnisé des dommages que l'imperfection d'un service de l'État lui a fait éprouver.

Mais l'irresponsabilité peut-elle être invoquée également par les employés de l'administration télégraphique, de telle sorte qu'ils pourraient se considérer comme couverts contre toute action en dommages-intérêts pour les fautes dont ils se seront rendus coupables dans leur service?

La négative ne paraît pas douteuse et ne saurait être infirmée par le raisonnement suivant : « Les correspondants ne contractent pas avec les employés, mais avec l'administration, et, dès lors, c'est à l'administration qu'il faut s'adresser pour obtenir réparation de l'inexécution de l'obligation qu'elle a contractée. Or, l'administration est irresponsable. » La partie lésée par les erreurs de l'employé se gardera bien d'agir contre lui pour inexécution de l'obligation, mais elle lui opposera victorieusement l'article 1382 du Code Napoléon qui autorise une demande en réparation pour dommage causé à tort, alors même qu'il n'existe aucun rapport contractuel entre le demandeur et l'auteur du dommage. (Serafini, *op. cit.*, § 61 ; Mittermaier, *op. cit.*, p. 44.)

136. Mais l'administration télégraphique ne peut-elle donc être valablement actionnée dans aucun cas? La loi de 1850 la dégage-t-elle de toute espèce de responsabilité, même de celle qu'entraîne la faute lourde, le dol? Renvoyer la partie lésée à se pourvoir contre l'employé, outre que c'est lui donner une faculté qui sera illusoire dans la plupart des cas, serait faire trop bon marché des principes élémentaires du droit et de la morale. Lorsqu'un service public se réserve le monopole et impose ainsi une confiance que l'on n'est pas libre de placer ailleurs, il est de toute nécessité qu'il assure, par une organisation irréprochable, la régularité des opérations pour lesquelles on a recours à lui. Dès lors, si l'on peut relever contre lui des faits qui le constituent en état de flagrante négligence, il n'y aurait pas de disposition légale dont il pût se prévaloir pour couvrir sa responsabilité. Si, par exemple, on pouvait prouver que l'employé, qui a été l'auteur des erreurs préjudiciables, est d'une incapacité telle qu'on ne peut pas réclamer de lui un accomplissement exact et constant des devoirs du poste auquel il est préposé, on pourrait fort légitimement se retourner contre l'administration télégraphique et lui demander indemnité du préjudice qu'on a souffert par suite de la légèreté qui a présidé à la nomination de cet employé.

137. Toutes les difficultés que nous avons eu à examiner prennent leur source dans le jeu des appareils servant aux opérations télégraphiques. En théorie, nous n'avons pas eu grande peine à déterminer la nature

exacte des rapports qui interviennent entre les correspondants et l'administration télégraphique et à trouver
la sanction logique des obligations réciproques qui leur
sont imposées; mais en pratique, nous avons été naturellement impuissant à concilier toutes les prétentions
et à indiquer un système qui fût également satisfaisant
pour le Trésor public et les intérêts des particuliers.
Les sciences physiques et mécaniques sont, dans notre
matière, les collaborateurs indispensables du jurisconsulte, car elles doivent lui offrir les moyens de prati-
quer ses maximes. Heureusement que leurs efforts journaliers sont pleins de promesses et nous font espérer
un résultat prochain. Si la merveilleuse invention de
l'abbé Caselli n'était pas d'une application encore si dis-
pendieuse; si l'on était parvenu à assurer la perfection
de ce système, nous dirions que le but est atteint.
Mais on l'atteindra.

Le télégramme alors ne devra plus que bien peu à
l'intelligence des employés de l'administration; ils seront responsables, et l'État avec eux, du bon entretien
des appareils, et non plus des altérations provenant
d'erreurs dans le déchiffrement des signes et dans leur
copie, car des modifications dans la dépêche ne pourront plus être que le résultat d'une force majeure. Les
correspondants communiqueront avec une sécurité aussi
complète que par la poste, car ce sont eux-mêmes qui
traceront les caractères des communications qu'ils se
feront. La station télégraphique deviendra une succur-
sale du bureau de poste, dont le devoir consiste à transmettre au domicile du destinataire les correspondances
du dehors, et les mêmes règles de responsabilité pour-

ront être, à peu de chose près, appliquées à deux services, dont le but est si bien le même que le gouvernement se préoccupe sérieusement, à l'heure qu'il est, de fusionner les administrations.

138. Mais cet âge d'or de la télégraphie électrique n'est pas atteint encore, et il nous faut compter avec les imperfections de ce que nous possédons. Formulons donc avec MM. Serafini, *op. cit.* § 65; Mittermaier, *op. cit.*, p. 45, et Reyscher, *loc. cit.*, p. 315, sous forme de conseils aux correspondants par télégraphe, les conclusions de l'analyse des opérations télégraphiques à laquelle nous nous sommes livré. Mais d'abord reconnaissons que nous n'avons rien à envier aux autres pays sous le rapport des précautions réglementaires prescrites pour assurer la régularité du service télégraphique : dépêches écrites clairement et à l'encre; accusé de réception de la dépêche par le bureau destinataire, exigible de la part de l'expéditeur; collationnement partiel obligatoire; collationnement facultatif de la dépêche entière; conservation des dépêches expédiées par le bureau expéditeur : telles sont les garanties qui nous sont offertes. Nous avons aussi des dispositions explicites sur la constatation de l'identité de l'expéditeur, mais avec cette différence sur les législations étrangères, que depuis la loi du 3 juillet 1861 on a cru pouvoir se conformer aux exigences pratiques, et au lieu d'en faire une formalité obligatoire on l'a abandonnée à l'appréciation de l'administration.

M. Serafini exprime le vœu que les dispositions suivantes soient ajoutées aux règlements :

1° Dans le cas où une personne se présente au nom

et comme ayant pouvoir d'un tiers, elle devrait prouver, au moyen d'une procuration, qu'elle a reçu cette mission de la personne indiquée.

M. L. de Lameillère répond à cela que, pour le cas où quelqu'un se présente au nom d'un tiers, la procuration est insignifiante, ou alors il faut admettre le faux ou l'abus de confiance. — L'objection n'est juste que dans une certaine mesure, car il peut importer extrêmement, dans certains cas, que le destinataire soit assuré, par la *mention* d'une procuration en règle, que la communication qu'il reçoit, émane d'une personne avec laquelle il est en relation (n° 71).

2° Si quelqu'un demande, par lettre, la transmission d'une dépêche, l'employé ne devra accepter la commission que si la signature de l'expéditeur lui est déjà connue, ou si elle est régulièrement légalisée.

Cette disposition nous semblerait parfaitement sage, car si l'auteur d'un faux ou d'un abus de confiance peut être facilement retrouvé lorsqu'il se présente en personne au bureau du télégraphe pour faire transmettre une dépêche revêtue d'une signature supposée, il n'en est plus de même lorsqu'une signature fausse est mise au bas d'une lettre déposée par un inconnu dans la boîte de la poste. — L'administration des postes, dans la crainte d'une fausse signature, se refuse à prêter foi à un télégramme demandant le retrait ou le changement de direction d'une lettre qui lui est confiée.

3° A défaut de responsabilité administrative pour tous les dommages résultant de dépêches altérées, il faudrait au moins étendre aux télégraphes les règles établies pour la poste. En cas d'altération, de perte ou

de retard dans la transmission, l'administration télégraphique pourrait rembourser à la partie lésée une
indemnité de 50 fr. Par cette obligation d'indemnité on
mettrait mieux en garde la direction et les employés
du télégraphe contre des négligences. Mais comme cette
indemnité serait, en certains cas, trop disproportionnée
au dommage réel, on pourrait permettre à l'expéditeur,
moyennant une surtaxe, de déclarer la valeur de sa
dépêche. Cette valeur ne devrait, en aucun cas, dé-
passer une limite qui serait fixée par le tarif. Cette
disposition serait aussi utile aux particuliers que profi-
table pour les finances de l'État. — S'il peut paraître
difficile de déterminer approximativement la valeur morale ou matérielle d'une dépêche, nous ne voyons pas
cependant l'inconvénient qu'il y aurait à accorder une
faculté de cette nature, et nous y verrions le grand
avantage d'assurer d'une manière presque certaine les
transmissions télégraphiques que l'État aurait un intérêt
puissant à accomplir sans altération.

On pourrait aussi adopter ce qui existe aux États-
Unis. Nous avons dit plus haut que lorsque l'expéditeur
paye le collationnement de sa dépêche, on lui rem-
bourse, en cas d'altération, 500 fois la somme qu'il a
versée à l'administration pour la transmission de la dépêche.

Sous l'empire de la législation existante, l'expéditeur
ne saurait mieux faire que de prendre les précautions
suivantes :

*a*) S'il s'agit d'ordonner un payement ou autres mesures importantes, l'expéditeur devra ajouter à la dépêche
la légalisation de sa signature. M. L. de Lameillère ob-

serve (note 20) que cette légalisation n'est demandée sur la dépêche que lorsque le télégramme doit figurer comme pièce probante dans les rapports du destinataire et de tierces personnes.

*b*) En cas de doute, le destinataire devra répéter la teneur du télégramme reçu.

*c*) S'il s'agit de dépêches importantes en chiffres, l'expéditeur devra répéter les nombres entre des parenthèses, en résumant la somme totale des composants. Par exemple, veut-il assurer au destinataire que tels chiffres doivent se lire par dix mille, il écrit ainsi : 10,000 et, entre parenthèses il ajoute (999 + 9,001.) De cette façon, toute équivoque devient presque impossible, parce que, ou les deux nombres sont les mêmes et il y a certitude, ou le résultat est différent et aussitôt on s'aperçoit qu'il y a erreur.

M. Mittermaier voudrait qu'au lieu de chiffres on exprimât les quantités en lettres. Il fait remarquer surtout l'importance que cette précaution peut avoir au cas où des recettes sont transmises par un médecin, parce que, par l'usage des signes pour indiquer les poids, il peut facilement se commettre des erreurs.

*d*) Il importe d'éviter autant que possible l'emploi de mots qui peuvent facilement être pris l'un pour l'autre, à raison de la similitude de leur orthographe, du nombre égal de syllabes qu'ils renferment. Nous citerons seulement, à titre d'exemple, les mots suivants : vendre — prendre — rendre; prenez — venez; voudrait — vendrait — prendrait — rendrait; Ne venez pas trop tard — Ne venez pas. Trop tard ! —

# APPENDICE.

## De la juridiction compétente pour la solution des difficultés naissant de contrats commerciaux conclus par correspondance.

L'article 420 du Code de procédure dispose : « Le demandeur pourra assigner à son choix, 1° devant le tribunal du domicile du défendeur ; 2° devant celui dans l'arrondissement duquel la promesse a été faite et la marchandise livrée ; 3° devant celui dans l'arrondissement duquel le payement devait être effectué. »

Ces deux dernières dispositions dérogent, dans l'intérêt du commerce et de la rapide exécution des engagements entre commerçants, à la règle *actor sequitur forum rei*. (Art. 59 C. pr.) Suivant l'alinéa 2 de notre article, il faut que la promesse *et* la livraison aient été faites dans un *même lieu*, pour que le tribunal de ce lieu soit compétent.

Mais quel est le lieu où la promesse a été faite? Quand les parties ont contracté, en présence l'une de l'autre, le lieu de la promesse est celui où le marché a été convenu, cela ne saurait faire de difficultés. Quand le contrat est conclu par lettre ou télégramme, la promesse ne peut être considérée comme faite que lorsque les offres sont acceptées, car de ce moment seulement la convention est devenue parfaite. Le tribunal compétent sera, dès lors, celui du domicile de l'acceptant, non pas nécessairement celui de son domicile réel, mais du domicile dont est partie l'acceptation.

Ainsi, lorsqu'un marchand propose à un autre, par correspondance, de lui vendre une certaine quantité de marchandises à telles conditions déterminées, et que cette proposition a été agréée, c'est au domicile de l'acceptant, et non au lieu d'où l'offre est partie, que la promesse doit être réputée faite.

Cette règle devrait recevoir son application aussi bien dans le cas où l'acceptation est tacite par suite de l'expédition des marchandises demandées, que dans le cas d'acceptation expresse.

Quant au lieu de la livraison des marchandises, à moins de stipulations entre les parties, c'est celui d'où elles ont été expédiées, car c'est de là qu'elles doivent être transportées au domicile de l'acheteur, à ses risques et périls. (Art. 100 C. c.)

Tant qu'il n'y a pas eu livraison effective de la marchandise au lieu où la promesse a été faite, la compétence exceptionnelle de l'alinéa 2 de l'article 420 du Code de procédure ne peut pas être invoquée. Ainsi les contestations relatives à un marché dont l'existence est déniée par l'une des parties, et les demandes en délivrance de la marchandise vendue, sont de la compétence des juges du domicile du défendeur et non de ceux du lieu où la prétendue promesse a été faite, et où la marchandise devait être livrée.

# EXTRAIT DU CATALOGUE

## DES OUVRAGES DE FONDS DE LA LIBRAIRIE D'AUG. DURAND.

**DUBARRY** (J.), chef du cabinet du préfet du Haut-Rhin. Transport par la poste des imprimés de toute nature, des échantillons et des papiers d'affaires ou de commerce; explication de la loi du 25 juin 1856 et de l'arrêté ministériel du 9 juillet suivant. 1856, br., in-8°. 1 fr.

**DUCROCQ** (Th.), prof. de droit administratif à la Faculté de droit; avocat à la Cour impér. de Poitiers. Cours de droit administratif, contenant l'exposé des principes, le résumé de la législation administrative, dans son dernier état, l'analyse ou la reproduction des principaux textes, dans un ordre méthodique; 2ᵉ édition, mise au courant de la doctrine, de la jurisprudence, de la statistique, des programmes pour les concours à l'auditorat du Conseil d'État et de la Cour des comptes, et pour l'enseignement des facultés de droit. 1863. 1 très-fort vol. in-8°. 9 fr.

**HEPP** (Eug.), avocat, docteur en droit. De la Note d'infamie, en droit romain; 1862, in-8°. 2 fr.

**Répertoire** des ouvrages de législation, de droit et de jurisprudence en matière civile, administrative, commerciale et criminelle, publiés spécialement en France depuis 1789 jusqu'à la fin de novembre 1863, avec table analytique et raisonnée des matières. Nouvelle édition, augmentée, corrigée et continuée par M. Ernest Thorin, et précédée d'un tableau de l'enseignement et des études dans les neuf facultés de droit, et d'une analyse chronologique des lois, statuts, décrets, règlements et circulaires relatifs à cet enseignement, de 1791 à 1862; par M. A. de Fontaine de Resbecq, chef de bureau au ministère de l'instruction publique, officier d'académie. 1863, in-8°. 3 fr.
<br>Livre indispensable à tous ceux qui s'occupent de jurisprudence.

**Revue de droit commercial**, législation, doctrine, jurisprudence et usages du commerce; par MM. Edmond Dufour, avocat à la Cour imp. de Paris, auteur du *Commentaire sur le Droit maritime*; L. Michaux-Bellaire, docteur en droit, avocat à la Cour de cassation; K. Demay, avocat à la Cour de cassation; Gabriel Benoit-Champy, docteur en droit, avocat à la Cour imp. de Paris; D. Vien, avocat à la Cour imp. de Paris.
<br>Cette Revue paraît tous les mois par livraisons de 3 feuilles in-8°.
<br>Prix d'abonnement : France, 12 fr.; Étranger, les frais de poste en sus.

**SERAFINI** (Filippo), prof. de droit romain à l'Université royale de Pavie. — Le Télégraphe dans ses relations avec la jurisprudence civile et commerciale; trad. et annoté par Lavialle de Lamellère, employé de l'administration des lignes télégraphiques. 1863, in-8°. 6 fr.

**ZACHARIÆ** (K. S.). Le Droit civil français, traduit de l'allemand sur la 5ᵉ éd. annoté et rétabli suivant l'ordre du Code Napoléon, par MM. G. Massé et Ch. Vergé, avocat, docteur en droit. 1855-1860, 5 vol. in-8°. 37 fr. 50.

STRASBOURG, IMPRIMERIE DE VEUVE BERGER-LEVRAULT.